新时代大学劳动教育

龚立新　主编

中国言实出版社

图书在版编目（CIP）数据

新时代大学劳动教育 / 龚立新等主编 . -- 北京：中国言实出版社，2020.10

ISBN 978-7-5171-3593-7

Ⅰ.①新… Ⅱ.①龚… Ⅲ.①劳动教育－高等学校－教材 Ⅳ.① G40-015

中国版本图书馆 CIP 数据核字（2020）第 210462 号

责任编辑 敖　华
责任校对 王战星

出版发行 中国言实出版社

地　址：北京市朝阳区北苑路 180 号加利大厦 5 号楼 105 室
邮　编：100101
编辑部：北京市海淀区花园路 6 号院 B 座 6 层
邮　编：100088
电　话：64924853（总编室）　64924716（发行部）
网　址：www.zgyscbs.cn
E-mail：zgyscbs@263.net

经　销　新华书店
印　刷　北京中科印刷有限公司
版　次　2021 年 1 月第 1 版　　2021 年 1 月第 1 次印刷
规　格　880 毫米 ×1230 毫米　1/32　6.25 印张
字　数　136 千字
定　价　48.00 元　　ISBN 978-7-5171-3593-7

**新时代大学劳动教育
撰写组**

龚立新　李贵杰　何晓坚
刘喜元　柏孟仁　陶青青

目
CONTENTS
录

第一章　新时代大学劳动教育的基本内涵

劳动是人的主体性本质体现，是促进人的健康发展的一种有效途径，能够促进人的形成；教育是有目的、有意识的实践活动；而劳动教育则是将劳动与教育进行有机融合，以更好地促进人的健康发展。在不同的历史阶段，由于对劳动和教育的本质及目的认识的不同，劳动教育的内涵也有所不同。2018 年 9 月 10 日，习近平总书记在全国教育大会上明确提出，要努力构建德智体美劳全面培养的教育体系，这一思想"历史性地把劳动教育从传统意义上促进青少年全面发展的有效途径提升为重要教育内容"①，并给新时代劳动教育赋予了新的时代内涵。

---

① 曾天山.劳动教育的时代价值与落实机制 [N]. 中国教育报，2018-12-27（8）.

第一节　新时代大学劳动教育的内涵

一、马克思主义的劳动教育思想

劳动和教育相结合的教育思想是马克思主义教育思想的重要组成部分。但早在马克思主义创始人提出劳动教育思想之前，西方的一些学者就对劳动和教育的关系进行了一些探讨，并初步提出了劳动教育的概念。16 世纪初，早期的空想社会主义者托马斯·莫尔（1478—1535）在其《乌托邦》中，就开始阐述劳动和教育相结合的思想。17 世纪英国的经济学家约翰·贝勒斯（1654—1725）提出了劳动学校概念，提倡劳动与教育的结合，并得到了马克思的高度评价，认为他是"政治经济学史上一个真正非凡的人物。"[①] 18 世纪瑞士的教育家裴斯泰洛齐（1749—1827）不仅倡导劳动与教育相结合，并且付诸教育实践。19 世纪的空想社会主义者罗伯特·欧文（1771—1858）指出，人的性格是通过包括劳动在内的实际活动形成的，完善的新人应该德智体美劳全面发展。为此，欧文在他领导的工厂

---

① 中共中央马克思恩格斯列宁斯大林著作编译局. 马克思恩格斯全集 [M]. 北京：人民出版社，2006(23):535.

里进行劳动和教育相结合的实践，并被马克思和恩格斯称为是"未来教育的幼芽"①。这些早期西方学者的劳动教育思想虽然在历史上起到过积极作用，但由于时代的局限性，他们的思想更多注重劳动和教育形式上的结合，而没有从实质上解决问题。

马克思、恩格斯在对早期劳动思想批判继承的基础上，从现代社会生产的客观规律出发，明确提出了马克思主义的劳动教育思想。1847 年，恩格斯在国际工人阶级的第一个纲领性草案——《共产主义原理》中，提出了应"把教育和工厂劳动结合起来"②；1848 年，马克思和恩格斯又把"教育同物质生产结合起来"③的原则写入了《共产党宣言》。俄国十月革命后，列宁坚持"把教学工作和社会生产劳动密切结合起来"④的原则列入俄共党纲的教育条文。中国共产党在领导中国人民进行革命斗争和社会主义建设的过程中，也一直坚定不移地贯彻劳动与教育相结合的思想原则。在 1934 年的中央苏区，毛泽东就强调"使教育与劳动联系起来"⑤，并把这一条文列入苏维埃文化教育的总方针；抗日战争时期，又发出了"一面

---

① 中共中央马克思恩格斯列宁斯大林著作编译局 . 马克思恩格斯全集 [M]. 北京：人民出版社，2006(23):530.

② 中共中央马克思恩格斯列宁斯大林著作编译局 . 马克思恩格斯全集 [M]. 北京：人民出版社，2006(23):535.

③ 中共中央马克思恩格斯列宁斯大林著作编译局 . 马克思恩格斯全集 [M]. 北京：人民出版社，2006(1):273.

④ 中共中央马克思恩格斯列宁斯大林著作编译局 . 列宁选集 [M]. 北京：人民出版社，2006(3):746.

⑤ 毛泽东 . 毛泽东同志论教育工作 [M]. 北京：人民教育出版社，1992:8.

学习，一面生产"的号召。新中国成立后，又进一步把教育"同生产劳动相结合"①规定为社会主义教育工作方针的组成部分，并要求必须全面贯彻执行。在马克思主义的劳动教育思想中，将生产劳动与教育相结合视为改造现代社会的强有力手段之一，视为提高社会生产力的一种方法和造就人的全面发展的唯一方法，从而使劳动教育思想从形式深入到了实质。

二、劳动教育的内涵

基于对劳动教育性质、目的认知的差异，目前劳动教育的概念和内涵呈现出多元化的状态，大致可以分为以下五类。

一是认为劳动教育是德育的一项重要内容。如《辞海》的定义是："劳动教育是德育的内容之一，对学生进行热爱劳动和劳动人民、珍惜劳动成果、树立正确的劳动观念和劳动态度、通过日常生活培养劳动习惯和技能的教育活动。"②《中国大百科全书》将劳动教育定义为："使学生树立正确的劳动观点和劳动态度，热爱劳动和劳动人民，养成劳动习惯的教育，是德育的内容之一。"③在上述两种定义中，都把劳动教育作为德育内容的一部分，更强调的是劳动教育的德育属性。

二是认为劳动教育是智育的一项重要内容。如《精神文

① 毛泽东.毛泽东同志论教育工作[M].北京：人民教育出版社，1992:273.
② 夏征农.辞海[M].上海：上海辞书出版社，1999:383—384.
③ 中国大百科全书总编委会.中国大百科全书[M].北京：中国大百科全书出版社，2009:425.

明建设大典》直接将劳动教育定义为："培养学生具有现代工农业生产的基本知识和基本技能的教育。"①该定义更关注的是劳动教育的智育属性，强调的是培养学生的劳动技术知识和劳动技能。

三是认为劳动教育是综合德育和智育的一项重要内容。如《教师百科辞典》对劳动教育的定义是："劳动教育就是向受教育者传播现代生产的基本知识和基本技能，培养他们具有正确的劳动观点、劳动习惯和热爱劳动人民、劳动成果的感情。"②《教育大辞典》将劳动教育定义为"劳动、生产、技术和劳动素养方面的教育"，③其主要任务是培养学生正确的劳动观点、劳动态度、劳动习惯，使学生获得工农业生产基本知识和技能。有的学者也认为："劳动教育是使青少年学生获得正确劳动观念、劳动习惯、劳动情感、劳动精神，了解和懂得生产技术知识，掌握生活和劳动技能，在劳动创造中追求幸福感的育人活动。它包括劳动思想观念的教育、劳动技术知识和劳动技能的教育。"④在这些定义中，劳动教育兼有德育和智育的双重属性，既强调思想品德的教育，也重视劳动技能的培养。

四是认为劳动教育是促进学生全面发展的一种教育形式。

---

① 魏丕植等.精神文明建设大典 [M]. 北京：光明日报出版社，1997:1677.

② 教师百科辞典编委会.教师百科辞典 [M]. 北京：社会科学文献出版社，1987:317.

③ 教育大辞典编纂委员会.教育大辞典 [M]. 上海：上海教育出版社，1990:168.

④ 徐长发.劳动教育是人生第一教育 [J]. 中国农村教育，2015(10).

如劳动教育是指"通过参加劳动实践活动所进行的一种有目的、有计划、有组织地培养受教育者多种素质的教育活动，是融德育、智育、体育、美育为一体的全面提高学生素质的综合性教育。"① "劳动教育是以提升学生劳动素养的方式促进学生全面发展的教育活动。"②在该定义中，劳动教育被视为一种综合性的教育形式，即通过让学生参加各种劳动实践活动，促进学生德智体美的全面发展。

五是认为劳动教育既是德育、智育的重要内容，也是促进学生全面发展的重要教育形式。如"所谓劳动教育，就是教育者向受教育者施加的一种以劳动观念、劳动习惯、生产技术知识、劳动技能为内容的教育活动，其目的在于培养受教育者热爱劳动、尊重劳动者、珍惜劳动果实的习惯，并使其获得一定的生产基本知识和劳动技能，最终促进劳动者的德智体美全面发展。"③

事实上，劳动教育的内涵随着时代的发展而不断创新。党的十八大以来，随着社会的发展和劳动、劳动教育内容的不断丰富，新时代的劳动教育也被赋予了新的时代内涵：劳动教育是中国特色社会主义教育制度的重要内容，是国民教育体系的重要内容，是学生成长的必要途径，具有树德、增智、强体、

① 谭秀森.大学生文化素质教育 [M]. 济南：泰山出版社，2008:105.
② 檀传宝.劳动教育的概念理解——如何认识劳动教育概念的基本内涵和基本特征 [J]. 中国教育学刊，2019(2).
③ 洪明.回到家庭谈德育 [M]. 北京：中国青年出版社，2014:113.

育美的综合育人价值；其重点是在系统的文化知识学习之外，有目的、有计划地组织学生参加日常生活劳动、生产劳动和服务性劳动，让学生动手实践、出力流汗，接受锻炼、磨炼意志；从而使学生能够理解和形成马克思主义劳动观，牢固树立劳动最光荣、劳动最崇高、劳动最伟大、劳动最美丽的观念；体会劳动创造美好生活，体认劳动不分贵贱，热爱劳动，尊重普通劳动者，培养勤俭、奋斗、创新、奉献的劳动精神；具备满足生存发展需要的基本劳动能力，形成良好劳动习惯。

三、新时代大学劳动教育的内涵

大学劳动教育是在大学阶段对大学生进行的劳动教育，它既是高等教育人才培养的一项重要内容，也是对国民进行劳动教育的一个重要环节。刘向兵等在对以往劳动教育概念进行梳理的基础上，曾将新时代大学劳动教育定义为："高等教育人才培养体系的重要组成部分，是顺应新时代劳动发展趋势对大学生进行系统的劳动思想教育、劳动技能培育与劳动实践锻炼，全面提高大学生劳动素养的过程，其目的是引导新时代大学生在劳动创造中追求幸福感、获得创新灵感，培养具有社会责任感、创新精神和实践能力的高级专门人才。"[①]该定义以当前我国高等教育的培养任务为依归，从地位、内容、形态、目标及目的取向等五个方面对大学劳动教

---

① 刘向兵.新时代高校劳动教育论纲 [M].北京：社会科学文献出版社，2019:51.

育进行了概括和总结。

　　根据中共中央、国务院在《关于全面加强新时代大中小学劳动教育的意见》中确定的劳动教育基本内涵和总体目标以及大学劳动教育的主要内容，结合高等教育的人才培养任务和新时代劳动发展的趋势，新时代大学劳动教育是新时代大学人才培养体系的重要组成部分，通过有目的、有计划地组织大学生参加日常生活劳动、生产劳动和服务性劳动，使其深刻领会习近平总书记关于劳动和劳动教育的重要论述，理解和形成马克思主义劳动观，树立正确的劳动观念，培养劳动精神、奋斗精神和奉献精神，掌握基本的劳动能力，形成良好的劳动习惯和劳动品质，最终成为德智体美等方面全面发展的社会主义建设者和接班人。

　　其中，"新时代大学人才培养体系的重要组成部分"是对新时代大学劳动教育的定位描述，劳动教育和德育、智育、体育、美育一起，共同构成了新时代大学的人才培养体系。"有目的、有计划地组织大学生参加日常生活劳动、生产劳动和服务性劳动"是新时代大学劳动教育的主要形式；"深刻领会习近平总书记关于劳动和劳动教育的重要论述，理解和形成马克思主义劳动观，树立正确的劳动观念，培养劳动精神、奋斗精神和奉献精神，掌握基本的劳动能力，形成良好的劳动习惯和劳动品质"是新时代大学劳动教育的主要目标；"成为德智体美等方面全面发展的社会主义建设者和接班人"则是新时代大学劳动教育的终极任务和目的取向。

第二节 新时代大学劳动教育的特征

新时代大学劳动教育是立德树人，培养德才兼备、全面发展的社会主义事业建设者和接班人，促进新时代大学生全面发展的重要内容和必要途径，具有鲜明的导向性、时代性、综合性、系统性等基本特征。

一、导向性

新时代大学劳动教育具有鲜明的政治导向性。其在指导思想上要以习近平新时代中国特色社会主义思想为指导，全面贯彻党的教育方针；在具体实践中要明确坚持党的领导，坚持社会主义办学方向；在培养目标中要使学生深刻领会习近平总书记关于劳动和劳动教育的重要论述，理解和形成马克思主义劳动观。

新时代大学劳动教育具有鲜明的育人导向性。中共中央、国务院在《关于全面加强新时代大中小学劳动教育的意见》（以下简称《意见》）中明确提出，劳动教育"具有树德、增智、强体、育美的综合育人价值"；要把握育人导向，"围绕培养担当民族复兴大任的时代新人，着力提升学生综合素质，促进学生全面发展、健康成长。把准劳动教育价值取向，引导学生树立正确的劳动观，崇尚劳动、尊重劳动，增强对劳动人民的感情，报效国家，奉献社会。"

二、时代性

劳动教育是一个动态的、发展的概念，大学劳动教育的内涵也随着时代的发展而不断丰富、发展和完善，因此，其具有鲜明的时代特征。

新时代大学劳动教育的指导思想体现了鲜明的时代性。习近平新时代中国特色社会主义思想是新时代的马克思主义，是新时代治国理政的最高指导思想。新时代大学劳动教育要以习近平新时代中国特色社会主义思想为指导，全面落实贯彻习近平总书记关于劳动和劳动教育的重要论述。

新时代大学劳动教育在人才培养体系中的地位具有鲜明的时代性。新中国成立以来，劳动教育在培养高层次人才的过程中发挥了重要作用。但随着时代的发展和劳动教育环境的深刻变化，劳动教育在大学人才培养中被弱化淡化，劳动独特的育人价值在一定程度上被忽视，部分青年大学生出现了一些不珍惜劳动、不想劳动、不会劳动的现象。习近平总书记在全国教育大会上明确提出了要"努力构建德智体美劳全面培养的教育体系"，第一次将劳动教育作为一项独立内容纳入到了人才培养体系，并赋予了其与德育、智育、体育、美育同等的教育地位。《意见》中明确提出要将劳动教育纳入"普通高等学校人才培养方案",设立"劳动教育必修课程""本科阶段不少于32学时",使劳动教育纳入大学人才培养的全过程,成为人才培养体系的重要组成部分。

新时代大学劳动教育的内容具有鲜明的时代性。随着时代的发展和科技的进步,劳动的形式不断发生变化,劳动的内容不断发展丰富,劳动教育也应与时俱进,体现时代发展方向,适应社会现实。《意见》强调,劳动教育要"适应科技发展和产业变革,针对劳动新形态,注重新兴技术支撑和社会服务新变化。深化产教融合,改进劳动教育方式。强化诚实合法劳动意识,培养科学精神,提高创造性劳动能力。"因此,新时代大学的劳动教育不但要有传统的体力劳动教育,还要有体现当前劳动新形态的各种创造性劳动,必须反映劳动面临的时代新发展。

三、综合性

新时代大学劳动教育既是培养大学生正确的劳动价值观、提升大学生的劳动素养,又是培养大学生劳动基础知识和专业技能的一项综合性教育。通过将劳动教育融入大学生的人才培养体系,设置专门的劳动教育课程,有目的、有计划地组织学生参加日常生活劳动、生产劳动和服务性劳动,一方面磨炼学生的劳动意志、培养学生正确的劳动观念和良好的劳动品质;另一方面也使学生掌握基本的劳动知识和劳动技能,成为社会主义建设事业的合格劳动者。

新时代大学劳动教育既与德育、智育、体育、美育一起构成大学人才培养的综合性教育体系，促进大学生的全面发展；又能兼"五育"而有之，具有树德、增智、强体、育美的综合育人价值。五育并举，大学劳动教育与德育、智育、体育、美育协调配合、有机协同，形成育人合力。同时，通过劳动教育，不仅要培育和养成学生的劳动观念、劳动态度、劳动习惯和劳动知识、劳动技能；还要锻炼学生身体、磨炼学生意志、促进学生心理健康；塑造学生美好心灵、培育学生审美观念、丰富学生审美体验，使学生深刻认识和理解"劳动最美丽"的道理，并通过劳动主动追求美好人生。

四、系统性

新时代大学劳动教育是与中小学劳动教育一脉相承、一体贯通的系统性教育工程。大学劳动教育只是对国民进行系统性劳动教育的一个阶段，它和中小学劳动教育一起共同构建了学龄时期青少年劳动教育的系统性培养体系。在该培养体系中，它们的指导思想一致、基本原则一致、目的取向一致，但在具体的培养目标、课程体系、内容设置和教育方式上，根据不同学段学生的身心发育特点又各有侧重。

新时代大学劳动教育是贯穿学校、家庭、社会各方面的系统性教育工程。在具体的实施过程中，以学校教育为主，统筹协调家庭、社会各方的教育资源，形成教育合力。其中，家庭是劳动教育的基础力量，通过日常性的家务劳动，培养劳动习惯；学校是劳动教育的主要阵地，通过劳动教育课程和具体的劳动实践，提升劳动素养，培养劳动技能；社会是劳动教育的支持保障，通过开放劳动场所、增加劳动体验等为大学的劳动教育提供支持。学校、家庭、社会相互补充，合力引导学生参加日常生活劳动、生产劳动和服务性劳动，从而形成协调一致的劳动育人系统。

新时代大学劳动教育是以劳动课程教育为基础，贯穿人才培养全部环节的系统性教育体系。其中，在劳动课程教育中除设置劳动教育必修课程外，还可设置劳动科学概论、劳动保障等选修课程，从而构建一个 1+X 的劳动教育课程体系。同时，作为培养学生全面发展的必要途径，劳动教育应贯穿于大学人才培养的全部环节，融入到大学立德树人、教学科研的方方面面，与学生的思想政治教育、专业教育、实习实训、创新创业教育、职业生涯规划与就业指导、社会实践、校园文化和志愿服务等有机融合。在该教育体系中，"劳动课程教育"和"课程劳动教育"相结合，集中教育与分散教育相结合，第一课堂教育与第二、第三课堂教育相结合，共同保障新时代大学劳动教育的实施效果，促进学生的全面发展。

第三节　新时代大学劳动教育的内容

《意见》中明确提出，"新时代劳动教育重点是在系统的文化知识学习之外，有目的、有计划地组织学生参加日常生活劳动、生产劳动和服务性劳动，让学生动手实践、出力流汗，接受锻炼、磨炼意志，培养学生正确劳动价值观和良好劳动品质"，"根据教育目标，针对不同学段、类型学生特点，以日常生活劳动、生产劳动和服务性劳动为主要内容开展劳动教育"。根据《意见》要求，结合高等教育的培养目标和新时代大学生的身心特点，新时代的大学劳动教育主要涵盖以下内容：

一、日常生活劳动教育

日常生活劳动是指在日常生活中，自己照料自己生活，保持环境整洁卫生的一种劳动，如整理床铺、打扫宿舍、清洗衣服、照料自己饮食起居以及在家庭中的家务劳动等相关劳动行为。日常生活劳动教育是指通过围绕着大学生的日常生活而开展的劳动教育。

通过日常生活劳动教育强化学生的劳动自立意识。由于社会环境和长期应试教育的影响，学习成绩基本成为大学生入校前的唯一评价标准，迫使基础教育阶段学生将所有精力都投入到知识学习之中。同时，一些承担基础教育阶段学生培育职责的家长、教师和学校，出于种种目的往往对学生的衣食住行等日常生活劳动予以包办，从而造成了部分大学生在进入大学校门后缺乏独立生活能力。如在许多学校的新生入学报到现场，父母家人肩扛手提着大包小包而学生却空着双手的现象屡见不鲜，父母家人四处忙碌购买日常生活用品、整理床铺而学生稳坐一旁心安理得的现象也颇为常见；甚至出现了宿舍垃圾堆积如山，"大学男生脏衣服寄回家洗，3年上千快递费"等极端现象。在大学阶段，学生远离家庭和家人的照顾，一切日常生活劳动都需要自己完成。因此，通过日常生活劳动教育，强化学生的劳动自立意识，锻炼学生自己照料自己的能力。

通过日常生活劳动教育体验持家之道，促进家庭和谐。当前的"00后"大学生多是独生子女，从小就受到家庭的宠爱和全方位的关心照顾，缺少家务劳动和自我日常生活劳动的参与，因此往往以自我为中心，无法体会父母等其他家庭成员为自己成长所作出的艰辛付出。通过日常生活劳动，特别是家务劳动，体会"一粥一饭之不易，一丝一缕之艰辛"，学会关心父母、长辈等其他家庭成员，更好地促进家庭和谐。

二、生产劳动教育

依据马克思主义劳动观，生产劳动即创造物质财富价值的劳动。生产劳动教育是指通过组织大学生参加各种形式的生产劳动而开展的劳动教育。

通过生产劳动教育促进学生的全面发展。马克思曾明确指出："生产劳动同智育和体育相结合，不仅是提高社会生产力的一种方法，而且是造就全面发展的人的唯一方法。"①但在当前大学生的学习生活中，劳动观念淡薄、劳动意识缺乏、不珍惜劳动成果、不想劳动、不会劳动的现象普遍存在。如认为体力劳动不如脑力劳动，从事体力劳动不体面、太辛苦，从而不尊重体力劳动者，不愿意参加体力劳动、不愿意进生产一线；时常幻想不劳而获、一夜暴富；在从事具体工作时眼高手低、不能吃苦、职业能力和职业素养低等。通过有目的、有计划地组织大学生参加生产劳动，促使学生正确理解和认知马克思主义劳动观，树立"劳动最光荣、劳动最崇高、劳动最伟大、劳动最美丽"的劳动价值观；引导学生形成热爱劳动、尊重劳动者的情感态度，改变轻视体力劳动和体力劳动者的错误心态；实现大学教育的理论与实践相结合，促进学生更好地掌握劳动基本知识和基本技能，成为一名全面发展的、合格的社会主义劳动者。

三、服务性劳动教育

服务性劳动指的是除生产劳动外，为人的物质文化生活和物质生产服务的社会性服务劳动和志愿服务劳动。服务性

---

① 中共中央马克思恩格斯列宁斯大林著作编译局 . 马克思恩格斯全集 [M]. 北京：人民出版社，2006(22):530.

劳动教育是指通过组织大学生以利用自己的知识、技能、工具等为他人或社会提供服务，积极参加志愿服务等形式开展的劳动教育。

通过服务性劳动教育强化新时代大学生的社会责任，培养其良好的社会公德。由于社会环境等各方面的影响，缺乏社会责任和社会公德、社会服务意识不足等一些不良的社会现象也在大学生群体中显现。如有的大学生事事以自我为中心，只考虑自己，不考虑集体和他人；有的大学生事事以利为先，多考虑自己获得的利益和享受的权利，而不考虑自己的付出和应履行的义务；有的大学生"各扫门前雪"，缺乏对社会和他人的奉献精神和团结协作等。因此，通过有目的、有计划地组织学生参加服务性劳动，特别是志愿服务劳动，培育他们的公共服务意识和奉献精神，提高自己的服务能力和团队协作意识，锻炼自己的劳动能力，从而更好地认知社会、适应社会、服务社会、贡献社会。

延伸阅读

大学如何补劳动教育这一课

"德智体美劳，现在整个高等教育'劳'这一块是绝对的短板，连老师们都不了解生活了，学生还怎么了解国情。"近日，在全国政协教育界别小组讨论中，全国政协委员、中国社会科学院大学临时党委书记、常务副校长张政文的这番话引起很多委员共鸣。劳动教育不应该仅成为中小学的必修课。大学应该如何加强劳动教育，帮学生补好这门课？记者采访了部分全国政协委员和会外专家。

劳动教育对大学生的意义不容忽视

一直以来，整个社会对劳动教育的讨论更多集中在中小学阶段，对大学劳动教育的关注明显不足。

"目前，受到家庭、学校、社会和传统文化的一些消极影响，部分大学生身上还存在劳动观念不够端正、劳动意识比较淡薄、劳动素养比较缺乏、劳动情怀比较缺失等问题。"全国政协委员、华东师范大学副校长戴立益说。

事实上，大学生作为直接面向劳动、直接对接职业的劳动后备军，比中小学生更迫切地需要带着全面系统的劳动素养走上工作岗位。

"要高度重视劳动的教育价值，劳动不仅创造财富，而且也造就人才。"中国教育学会副会长、清华大学原副校长谢维和说，劳动造就人才的功能至少表现在两方面：一是实现自我认同，二是完成自律，把社会的外部控制转化为自我管理、自我控制。

戴立益认为，高校劳动教育要深度构建"三位一体"的协同育人机制，健全劳动教育的保障制度，从国家、学校和家庭三方面明确责任、达成共识、通力合作完成劳动教育的任务。

大学劳动教育要与专业教育深度融合

劳动教育教什么、怎么教，是困扰很多高校的现实问题。

"要全面强化劳动教育的顶层设计，加快出台国家层面的高校劳动教育政策文件，并提高文件的层级。"戴立益说。

与中小学以体验、认识为主的劳动教育不同，面向大学生的劳动教育不仅要教育学生爱劳动、会劳动，更要使学生"明劳动之理"。此外，由于高等教育的整个培养体系都是直接指向劳动的，如何使劳动教育有机融入高校立德树人、教学科研的方方面面，与现有人才培养体系真正结合为一个有机的整体，是高校开展劳动教育必须通盘考虑的问题。

对此，中国劳动关系学院院长刘向兵说："高校推进劳动教育要在进课堂、进教材的同时，将其与专业教育相结合、与实践实习相结合、与思想政治教育相结合、与创新创业教育相结合，将劳动教育融入高校立德树人、教学科研的方方面面。"

全国政协委员、空军航空大学教授杨承志建议，大学劳动教育要与培养学生创新精神、工匠精神结合起来，"培育劳动情怀，让学生在劳动教育和实践中掌握劳动技能、积累劳动经验、提升劳动能力，塑造岗位需要的职业素养和道德品质。"

在北京师范大学经济与工商管理学院院长赖德胜看来，推动劳动教育的一项重要基础性工作是加强劳动学科的建设，"目前，研究劳动的各个学科分散在不同学科门类下，导致高校很难有一个集中的培养劳动人才的学科平台。"

新时代大学劳动教育形态要与时俱进

随着人工智能等新技术的快速发展，一些体力劳动岗位将来可能被机器所替代，在这种情况下还需要劳动和劳动精神吗?

"这丝毫不影响我们的劳动和劳动教育。"全国政协委员、安徽省政协副主席、省教育厅厅长李和平认为,创造性劳动是机器替代不了的,而且会越来越重要。而从教育的角度看,劳动教育的功能更是人工智能所不可取代的。

新时代的大学劳动教育面向的群体是"00后",他们伴随互联网长大,对劳动的认识与上一代人、上两代人有很大差异。

针对这一特点,新时代的劳动教育必须直面质疑,及时更新教育形式,使青少年认识到,技术进步只不过使人类的劳动方式、劳动领域、劳动岗位发生了新的变化,但人的劳动精神和很多劳动技能仍是人机协同、智慧劳动、创造性劳动的重要基础。

"新时代劳动教育的开展要考虑两点:一是劳动形态,要与时俱进,不能犯把劳动等同于体力劳动的错误;二是教育形态,需要一定的课程,关键是要考虑怎样让间接的劳动教育在教育实践中得到强化。"北京师范大学教育学部教授檀传宝说。

思考与实践

主动参加一项家务劳动、生产劳动或志愿服务劳动,体会和认知劳动教育的基本内涵。

第二章　树立正确的劳动观

第一节　热爱劳动是中华民族的传统美德

劳动，是人类摆脱荒蛮、创造历史最直接的因素。纵观五千多年的中华文明史，是劳动一直在推动着社会的进步，滋养着我们的精神世界。莫高窟、兵马俑、颐和园、京杭大运河、四川都江堰、万里长城，这些历经了岁月沧桑却仍然璀璨生辉的文明瑰宝，无不映照着千千万万劳动人民智慧的光芒。

"民生在勤，勤则不匮。"中华民族是勤于劳动、善于创造的民族。正是因为劳动创造，我们拥有了历史的辉煌；正是因为劳动创造，我们拥有了今天的成就。

一、劳动是中华民族千百年来的行为倡议

《诗经·大雅》有言："夙兴夜寐，洒扫庭内。"中华历史悠悠五千年，中华民族向来注重对勤劳美德的培养，对劳动的歌颂与赞美更是中华传统文化的重要组成部分。

文学缘起，劳者歌之。人们在生活中不断地体会劳动，

感悟劳动，在劳动中收获幸福与快乐，亦于劳动中感怀悲伤与忧愁，此间汇集了诸多典型的事迹与言语，古人们以其聪明的智慧和创造力撰写了许多至今仍广为流传的悦耳诗词。《公羊传》有言："男女有怨恨，相从而歌。饥者歌其食，劳者歌其事。"还有反映原始社会狩猎生活的《弹歌》、汉乐府中的"江南可采莲"，这些都和劳动有着极为密切的联系。《诗经》作为我国最早的诗歌集本，当然也不会例外，其中记载着最生动、最动人的劳动，歌颂着最朴实、最深刻的劳动生活。写作手法或欢快，或肃穆，或平实，或深沉，抑或幽怨，劳动在这些各式各样的主题中成了极为重要和精彩的部分。《周南·芣苢》："采采芣苢，薄言采之。采采芣苢，薄言有之。"这首诗歌完整刻画了女性的采摘劳动。《小雅·无羊》："尔牧来思，以薪以蒸，以雌以雄。尔羊来思，矜矜兢兢，不骞不崩。"反映了放羊者的畜牧生活。《王风·君子于役》《卫风·伯兮》等表现了军人们的劳动生活，表达了征夫思念家乡、怀念故土、厌恶战争的哀怨心情。

成仁尽孝，以劳治身。孔子之教的最终目标是推崇"仁爱"，成人成德。仁德起于孝德，是成人的最高标准，而勤劳又是成仁尽孝的内在要求，所以勤劳是成就仁孝的前提。《论语·宪问》中有言："爱之，能勿劳乎？"爱其人，便要勉其劳，对一个人的仁爱便是鼓舞他勤劳上进。否则，这份爱便成了"禽犊之爱"（《论语集注·卷七》）。《左传》曰："俭，德之共也；侈，恶之大也。"强调好逸恶劳终是万恶之首。荀子在《天伦》中写道："强本而节用，则天不能贫"，表达出了对辛勤劳动、勤俭节约的强烈认同。诸葛亮曾在写给儿子诸葛瞻的《诫子书》中说："淫慢则不能励精，险躁则不能治性。"其意便道出了对儿子能够"以劳治身"的殷切期望。同时，在儒家所提出的大同社会的描绘中，"壮有所用，幼有所长""力恶其不出于身也，不必为己"都表达了对具有劳动能力的人要积极参与公共劳动的伦理要求。

财富之源，能者劳之。如果说，孔子是统治者的圣人，那么，墨子便是劳动者的圣人。毛泽东曾评价说，墨子是一个劳动者，他不做官，但他是比孔子高明的圣人，孔子不耕地，墨子自己动手做桌椅子。

墨子曰："今人此异者也，赖其力者生，不赖其力者不生。"墨子极为重视劳动，将其当作区别人与动物的一个主要标志，认为劳动是人类得以生存的最基本前提，是人类获取最基本生产生活资料的仅有手段，是财富创造的源泉。墨子提出"民有三患"，即"饥者不得食，寒者不得衣，劳者不得息"，强调劳动关系到一个国家的根本，是国家得以稳定和长治久安的物质基础。相比儒家学派，墨子的言论较为直观地表述出一个真理，即：劳动生产物质财富，而一个国家、一个民族、一个社会的兴旺发展最终都是要归结到物质生产上来的，劳则国富民强，不劳则民饥国贫。

此外，墨子还主张人尽其才，能者劳之。"譬若筑墙然，能筑者筑，能实壤者实壤，能欣者欣，然后墙成也。"春秋时期的生产劳动已不再仅限于农业，手工业也有了很大的发展与进步，劳动在性别、体能、行业等方面有了分工，所以墨子的这一思想与当时的劳动状况是相符合的。《墨子·非命下》有言："必使饥者得食，寒者得衣，劳者得息。"这充分体现了对劳动的重视和对劳动者的保护，算得上是中国劳动保障思想的萌芽。

二、劳动是古代人民创造生活文明的重要内核

中华民族自强不息，用劳动创造了丰富的物质生活和璀璨的民族文化。劳动人民更是发扬吃苦耐劳的优秀品质，创造了惊人的财富，培养了团结互助、积极进取的劳动精神。劳动之美，更是让古代文人大加赞誉，在他们脍炙人口的诗篇中流露着人们因劳动而获得美好生活的喜悦和幸福。

宋代范成大《四时田园杂兴》中写道："昼出耘田夜绩麻，村庄儿女各当家。童孙未解供耕织，也傍桑阴学种瓜。"为我们描绘了一幅男耕女织、其乐融融的劳动场景画：白天去田地里耕作，夜晚在家中搓麻线，村中男女都承担着各自的家务劳动。小孩子虽然还不懂耕田织布，也在那桑树荫下学着大人们种瓜的模样。

还有尽人皆知的、唐代李绅的《悯农》："锄禾日当午，汗滴禾下土。谁知盘中餐，粒粒皆辛苦。"这首诗将辛勤劳动和珍惜食物结合在一起，形象而深刻地描绘出烈日当头、农民在田中辛勤劳作、汗流浃背的情景，突出农民劳动的辛苦，

告诉我们食物的来之不易，深深地影响着中华民族勤俭节约的传统美德。

诗人笔下的劳动不仅仅是农民，还有各行各业的劳动者。如赞美冶炼工人的，唐代李白《秋浦歌》："炉火照天地，红星乱紫烟。赧郎明月夜，歌曲动寒川。"炉火熊熊地燃烧着，红星四溅，紫烟蒸腾，广袤的天地被红彤彤的炉火照得通明。冶炼工人在明月之夜，一边唱歌一边劳动，他们的歌声打破幽寂的黑夜，震荡着寒天河流。这首诗正面描写和歌颂冶炼工人的艰辛劳作，字里行间体现了对他们的赞美之情。

有写蚕农养蚕的，宋代方岳的《农谣》："雨过一村桑柘烟，林梢日暮鸟声妍。青裙老姥遥相语，今岁春寒蚕未眠。"一场春雨过后，桑树吐出新芽，远远望去像是一缕青烟。鸟儿们在夕阳照射着的树梢上巧舌百啭。身着黑布裙的老妇人远远地搭话说，今年春天寒冷，蚕到现在都未眠。字里行间流露出养蚕人对蚕不眠、无法吐丝化茧成蛾的担忧，就如同庄稼无法有所收成一样。

另外，诗人们不仅记录和赞美劳动，而且更热爱劳动。魏晋陶渊明的《归园田居·其三》："种豆南山下，草盛豆苗稀。晨兴理荒秽，带月荷锄归。道狭草木长，夕露沾我衣。衣沾不足惜，但使愿无违。"描绘了作者辛勤劳动、创造生活的场景。

倘若说，劳动决定了人和动物的根本区别，那么创造性劳动就是人脱离动物的根本力量。古人们在辛勤劳动创造生活的同时，也发挥着聪明才智，在手工业、天文地理、建筑、人文、科技等领域都取得了引人注目的成就，创造了光辉璀璨的文明。以"四大发明"为代表的科技成就，以农桑、丝绸为代表的发达农业，还有素纱禅衣、天文仪、龙门石窟、都江堰、绘画陶瓷等等，这些都是劳动人民勤劳智慧的结晶。

三、劳动是中华民族复兴征程的力量之源

劳动创造历史，劳动创造文明。在五千年的历史长河中，中华民族凭着勤于劳动、勇于拼搏、积极奋斗的勇气和力量，创造了无数光辉璀璨的文明，在实现伟大复兴的征程中付出了无比的艰辛。中华民族是一个历经磨难而坚韧不拔的民族，从来都是在挫折中成长、于磨难中奋起，任何困难障碍、屈辱灾难最终都会成为我们伟大民族精神的历史见证。

中华民族的辉煌历史兴于劳动。西方近代思想家孟德斯鸠曾说："有的地方需要人们的勤劳才可以居住，并且需要同样的勤劳才得以生存。"中国就是这样的一个地方。回首中国历史，中华文化起源于长江流域、黄河一带，是在与自然环境的艰苦斗争中建立起来的。即便是在古代的中国，无论是寻常百姓的日常生活，还是王权富贵的劝耕诏书，抑或是官僚大夫的治理名言，推崇勤劳、反对懒惰一直是中华民族所提倡的。劳动，经过数千年的推崇绵延至今，早已深深地印入到了中华民族的道德认知中，成为了"中国精神、中国价值、中国力量"的重要组成部分。

社会主义建设成就源于劳动。中国共产党一经诞生，便谨遵《共产党宣言》的精神，誓死捍卫劳动者利益，努力"为中国人民谋幸福，为中华民族谋复兴"，为实现共产主义而奋斗。在革命的历史进程中，中国共产党先后带领劳动人民推翻了"三座大山"、顺利进行"三大改造"，为中国人民赢得了独立和解放，实现中华民族有史以来最为广泛而深刻的社会变革，让劳动者真正当家做了国家的主人。

劳动，是共产党人保持政治本色的重要途径。正是因为我们在艰苦卓绝的环境中进行了长期不懈的奋斗，取得了"独创性理论成果和巨大成就"，才使得新时期中国特色社会主义事业建设具有了科学的理论准备、宝贵的实践经验和充足的物质基础，使得我们在未来的道路上走得更有毅力、更有智慧、更有自信、更有力量。

改革开放历史巨变成于劳动。1978年5月，《实践是检验真理的唯一标准》石破天惊地提出确立"千百万群众长期实践"为真理检验标准。十一届三中全会顺应时代要求作出了改革开放的伟大决策，这使得蕴藏在劳动人民之中的巨大潜力被挖掘出来，他们凭借着"敢为人先、敢闯敢干"的拼搏意识破除了诸多弊病，让中国迅速赶上了时代的脚步。党的十八大以来，改革开放进一步全面深化，中国亿万人民同心协力、奋力拼搏，在实践的道路上我们创造了许多丰硕的成果，如今以共享经济、信息技术、高新产业的新经济、新动能展现出了强大的时代活力。

四、劳动是新时代接续奋斗的重要内核

马克思、恩格斯认为，整个所谓世界历史不外是人通过人的劳动而诞生的过程。认为劳动创造了人类历史和人本身，而且劳动是创造价值的唯一源泉。新时代，劳动作为一种新的命题再次受到人们高度的重视。党的十八大以来，习近平总书记多次对劳动作出重要论述。

中国特色社会主义进入新时代，意味着历经磨难的中华民族迎来了从站起来、富起来到强起来的伟大飞跃。相比发达国家几百年的时间，中国仅用了几十年便走完了工业化历程，在当今的信息化时代也取得了引人注目的成绩，有些人将中国发展的奇迹归结为中国人的勤劳与奋斗，称之为"勤劳革命"。2020年再次开启了对中国来讲具有里程碑意义的一年。这一年，我们众志成城、共克时艰。在抗击疫情的战斗中，塑造出了许多特别能吃苦、能战斗、能奉献的新时代劳动英雄，他们是新时代的榜样，更是中华民族在新时代中国特色社会主义事业建设中劳动精神的真实写照。

2020年是全面建设小康社会和"十三五"规划的收官之年。习近平总书记强调，人世间的美好梦想，只有通过诚实劳动才能实现；发展中的各种难题，只有通过诚实劳动才能破解；生命里的一切辉煌，只有通过诚实劳动才能铸就。劳动创造了中华民族，造就了中华民族的辉煌历史，也必将创

造出中华民族的光明未来。"千层之台起于垒土，万里之行积于跬步"，幸福的花朵总是需要汗水的浇灌，中华民族伟大复兴的中国梦的实现，根本还是要靠劳动、靠劳动者的创造。

历史已经证明，劳动的力量为中华民族五千年求索上下、创造辉煌插上了飞翔的翅膀。

历史将继续证明，亿万人民依靠自己辛勤劳动和艰苦奋斗，必将成就和见证中国梦的实现。

第二节　新中国成立以来的劳动教育

2018 年 9 月，习近平总书记在全国教育大会上明确提出将劳动教育纳入社会主义建设者和接班人的总体要求。2020 年 3 月 20 日，中共中央、国务院印发《关于全面加强新时代大中小学劳动教育的意见》，明确指出劳动教育是新时代党对教育的新要求，是中国特色社会主义教育制度的重要内容。

劳动教育是新中国成立以来不同时期的重要教育主题之一，不同时期的劳模代表凸显该时期的劳动教育特点。大力宣传劳模事迹、加强劳动教育，不仅关系到亿万青少年全面发展、健康成长，而且对国民综合素质的提升、培养担当民族复兴大任的时代新人具有重大意义。

一、上世纪 50—70 年代的劳动教育及劳模代表

新中国成立初期一穷二白，医治战争创作，恢复生产生活建设成为这一时期国家的主要任务，不断进行体力劳动也成为人们获得生存的主要手段，广大民众自力更生、发奋图强，在艰苦的年代为国家建设辛勤付出。在这一时期涌现出很多劳动模范代表，他们基本都是普普通通的基层工作者，

却在平凡的工作岗位上埋头苦干、辛勤付出，成为人们学习的榜样，同时也激发了广大民众投身国家经济社会建设的热情。这一时期的劳模代表们身上不仅展现出对党和国家无私的奉献与热爱，更让我们看到了在当时艰苦环境中普通民众身上所凝聚的为新中国奋斗的巨大合力。

1."铁人"——王进喜

王进喜是新中国第一批石油钻探工人，全国著名的劳动模范。1938年，15岁的王进喜进入玉门石油公司当工人，新中国成立后历任玉门石油管理局钻井队长、大庆油田1205钻井队队长、大庆油田钻井指挥部副指挥。他率领1205钻井队艰苦创业，打出了大庆第一口油井，并创造了年进尺10万米的世界钻井纪录，展现了新中国工人阶级不畏艰难，奋勇拼搏的气概，为我国石油事业立下了汗马功劳，成为中国工业战线一面火红的旗帜。王进喜以"宁可少活二十年，拼命也要拿下大油田"的顽强意志和冲天干劲，被誉为"油田铁人"。他的"铁人精神""大庆精神"成为激励各族人民意气风发投身社会主义建设的强大精神力量，即使在今天也是我们学习的榜样。

2.掏粪工人——时传祥

时传祥，是一位"宁肯一人臭，换来万户香"的掏粪工人，山东省齐河人，中共党员，曾在北京市崇文区清洁队工作。时传祥出生在一个贫苦农民家庭。他14岁逃荒流落到北京城郊，为生活所迫当了掏粪工。他用一颗朴实的心记住了一个通俗的道理：掏粪也是社会主义建设事业的一部分。他把掏粪当成十分光荣的劳动，以身作则，以苦为乐，不分分内分外，任劳任怨，满腔热情，全心全意为人民服务。

3. 鞍钢老英雄——孟泰

孟泰是新中国成立后第一代全国著名的劳动模范。他爱厂如家，艰苦创业，在恢复和发展鞍钢生产中作出了重大贡献。孟泰1949年8月加入中国共产党，成为鞍山解放后第一批发展的产业工人党员之一。他带领广大工人把日伪时期遗留下来的几个废铁堆翻了个遍，建成了当时著名的"孟泰仓库"。他勇于攻克技术难关。在苏联政府停止对我国供应大型轧辊，致使鞍钢面临着停产的威胁的情况下，他组织了500多名技协积极分子开展了从炼铁、炼钢到铸钢的一条龙厂际协作联合技术攻关，先后解决了十几项技术难题，终于成功自制大型轧辊，填补了我国冶金史上的空白，被誉为"为鞍钢谱写的一曲自力更生的凯歌"。他自己设计制造成功的双层循环水给冷却热风炉燃烧筒提高寿命100倍。在他担任鞍钢炼铁厂副厂长的8年中，被工人们称为"身不离劳动，心不离群众的干部"。

二、改革开放以后的劳动教育和劳模代表

教育是民族振兴的基石，教育公平是社会公平的重要基础。改革开放拉开教育全面改革的序幕，同时带来了劳动教育的春天。当时我国处于社会主义初级阶段，在新的形势背

景下，邓小平同志提出，为了培养社会主义建设需要的合格人才，我们必须认真研究在新的条件下，如何更好地贯彻教育与生产劳动相结合的方针。随着改革开放的不断深入发展，在这一时期，知识型、科技型、创新型人才在国家和社会中扮演重要角色。这一时期涌现出来的劳模大多是知识型劳模，相比较新中国成立以后的传统型劳模比重减少。他们大多具有扎实的理论知识、丰富的工作经验，在各自领域积极进取，不断为国家的现代化建设作出突出贡献。这也显示出改革开放以后，国家和社会越来越重视科技文化，尊重知识分子。

1. 两弹元勋——邓稼先

中国科学院院士，著名核物理学家，中国核武器研制工作的开拓者和奠基者，为中国核武器、原子武器的研发作出了重要贡献。1982 年获国家自然科学奖一等奖，1985 年获两项国家科技进步奖特等奖，1986 年获全国劳动模范称号，1987 年和 1989 年各获一项国家科技进步奖特等奖。1999 年被追授"两弹一星功勋奖章"。由于他对中国核科学事业作出了伟大贡献，被称为"两弹元勋"。

2. 杂交水稻之父——袁隆平

袁隆平于 1978 年、1989 年分别荣获全国先进科技工作者、全国劳动模范称号。湖南省杂交水稻研究中心主任，中国工程院院士。他致力于水稻杂交优势利用研究，在杂交水稻"三系配套""两系法"育种、超级杂交水稻繁殖及栽培等方面，从实践到理论，从研究到应用，取得多项世界级和国家级科研成果，被誉为"杂交水稻之父"。

3. 一心为乘客——李素丽

李素丽，北京市人，1981 年参加工作，1984 年加入中国共产党，先后在第一客运分公司 60 路、21 路任售票员，1998 年到总公司及"李素丽热线"工作。2000 年被评为全国劳动模范。李素丽同志在近 20 年的售票工作中，岗位作奉献，真情为他人，用真情架起了一座与乘客相互理解的桥梁，把微笑送给四面八方，被广大群众誉为"老人的拐杖，盲人的眼睛，外地人的向导，病人的护士，群众的贴心人"，充分体现了公交"一心为乘客，服务最光荣"的行业宗旨，赢得了广大乘客的尊敬和爱戴。她刻苦学习文化知识，认真学习英语、哑语，并努力钻研心理学、语言学，利用业余时间走访地理环境，潜心研究各种乘客心理和要求，有针对性地为不同乘客提供满意周到的服务。她亲切、诚恳、朴实、大方、得体的服务，使平凡的售票工作升华为一种艺术化的服务。

4. 蓝领专家——孔祥瑞

孔祥瑞 2005 年被授予全国劳动模范称号，2006 获全国五一劳动奖章。他恪尽职守、忘我工作。"业精于勤，荒于嬉"。从古至今，敬业是中国劳动人民最宝贵的美德之一，是做好本职工作的重要前提和可靠保障。"今天工作不努力，明天努力找工作"。经济领域行业竞争日趋激烈，知识结构不断更新，发扬敬业精神，是时代的呼唤。身教重于言传的孔祥瑞，不仅自己成为了"蓝领专家"，而且还在天津港集团带出了一批年轻的技术能手，他用自己的成就证明了知识型工人的价值。

三、十八大以来的劳动教育及劳动模范

劳动是财富的源泉，也是幸福的源泉。党的十八大以来，习近平总书记曾经在不同场合强调劳动的价值和重要性，特别指出要在全社会大力弘扬劳动精神，学习劳模事迹，崇尚劳动、尊重劳动、诚实劳动、创造性劳动，懂得劳动最光荣、劳动最伟大、劳动最美丽的道理。今天我们青年一代的生活比以往任何时期都要幸福，但与此同时，我们更要清楚记得，中华民族几千年的光辉历史是无数中国人民用自己的辛勤劳动换来的，我们今天的幸福生活是靠千万人辛苦劳动创造出来的，未来我们的美好生活更需要我们自己用双手与知识去勤奋劳动、发明创造。在今天，我们通过学习各行各业的优秀劳动模范的事迹，理解他们身上所体现出来的奉献精神、奋斗精神、时代精神，为我们今后的工作和学习注入精神力量。

1. 大国工匠——徐立平

徐立平是中国航天科技集团公司第四研究院 7416 厂高级技师。自 1987 年入厂以来，一直为导弹固体燃料发动机的火药进行微整形。在火药上动刀，稍有不慎蹭出火花，就可能引起燃烧爆炸。30 年来，在这个全世界都无法完全用机械代替手工操作的岗位上，徐立平忍耐着常人难以想象的寂寞，

冒着极大的危险，以精湛技艺和过人胆识"雕刻"火药，将一件件大国利器送入云霄，从航天"蓝领"一步步成长为以国为重的大国工匠。

2. 纺织女工——刘庆庆

刘庆庆，出生于 1985 年，是魏桥创业集团一名普通纺织女工。她凭着一身过硬的粗纱操作基本功，对所在工序设备大胆改进，大大提高了车间整体生产效率，逐渐成长为一名副其实的棉纺粗纱工序操作精英。刘庆庆依靠自己的勤奋和努力，先后获得市劳动模范、省首席技师、全国技术能手、2017 年全国五一劳动奖章等荣誉称号。

3. 拐杖信使——张美冲

"双河邮路美，皆因冲锋人"，这一句暗藏了"美冲"的打油诗，是湖北省恩施市新塘乡的父老乡亲对张美冲的盛赞。作为双河邮政所一名普通投递员，张美冲常年扎根高寒山区，以传信送报为神圣使命，用满腔热情、满心真情构筑了深山7000 多名村民与外界的信息桥梁。张美冲于 2013 年获得全国五一劳动奖章，2015 年被评为全国劳动模范。

劳动模范是民族的精英，是时代的楷模。随着时代的不断发展，劳动模范的职业趋向多样化，劳模对象呈现年轻化，不同时期的劳动模范也展现了该时期劳动教育的特征，并为当时的社会发展带来新风尚。所有全国劳动模范为国家和社会作出的贡献值得收获各界的称赞，还有他们身上所体现出来的勤业、敬业、创业精神值得广大青年学习。此外，他们身上所体现的精神力量更是一种无穷财富，我们要继承并弘扬劳模精神，学习他们为祖国、社会、人民的无私奉献，学习他们在自己平凡工作岗位上兢兢业业、艰苦奋斗的拼搏。

梦想从学习开始，事业靠本领成就。劳动模范为我们树立了生活的榜样、精神的航帆。但"纸上得来终觉浅，绝知此事要躬行"，作为当代青年大学生，我们要坚持知行合一，注重在实践中学真知、悟真谛，加强磨炼、增长本领。所有对知识学习的过程，最终都要转化为身体力行的实践。或许我们还无法做到像他们一样伟大，但是我们可以从身边的、最朴实的劳动做起，例如独立自主安排好自己的学习、生活，在家可以帮父母做家务，还可以去参加一些社区志愿者服务活动等。只有自己亲身参与实际的劳动，从中品尝到了劳动的趣味，才能够真正懂得劳动带给我们的幸福，自此爱上劳动。

第三节　坚持马克思主义劳动观

　　劳动，是马克思主义用以分析人类历史发展的核心范畴之一。劳动观虽不是马克思的首创，但科学的劳动观则必须归功于马克思。在《1844年经济学哲学手稿》中，马克思就劳动实践对人类社会的伟大意义进行了论述，他认为，社会主义的人对于他们自己的诞生和形成都有着"直观的、无可辩驳的证明"，因为对于他们来说，"整个所谓世界历史不外是人通过人的劳动而诞生的过程"。针对这一伟大的发现，恩格斯作出了评论："历史破天荒第一次被置于它的真正基础上；一个很明显的而以前完全被人忽略的事实，即人们首先必须吃、喝、住、穿，就是说首先必须劳动，然后才能争取统治，从事政治宗教和哲学等等。"

　　马克思主义劳动观作为马克思主义理论的重要组成部分，是创立唯物史观和剩余价值学说的基础。其中所包含的经典作家关于劳动问题的基本观点和态度，不仅是马克思主义劳动观的重要内容，也是中国社会主义建设时期劳动思想的理论源泉。中共中央、国务院《关于全面加强新时代大中小学劳动教育的意见》（以下简称《意见》）指出，要明确学校劳动教育要求，通过加强劳动教育，引导学生理解和形成马克思主义劳动观，牢固树立"劳动最光荣、劳动最崇高、劳动最伟大、劳动最美丽"的价值观念。那么，马克思主义劳动观究竟是什么呢？

一、马克思主义劳动观的基本内涵

首先，劳动创造人和人类社会。在 1876 年，恩格斯首次提出"劳动是整个人类社会生活的第一个基本条件，而且达到这样的程度，以致我们在某种意义上不得不说：劳动创造了人本身"。在《劳动在从猿到人转变过程中的作用》一文中，恩格斯详细描述了劳动的作用，将会使用和创造劳动工具作为区别人类和猿的基本条件。人的实践活动具有自主性，尤其是人的主观能动性，使得人可以认识、利用自然，能够从自然中获取生存和发展所需的物质资料，进而制造出服务性的生产工具，并为自己所用，这样自然界便也成为了人类社会生活的重要组成部分。也就是说，人们能够通过实践认识、利用客观规律，从而使客观规律为人所用。动物则不能。马克思也说道，"劳动首先是人与自然之间的过程"，在这一过程中，人通过自身的活动来"中介、调整、控制人和自然之间的物质变换"。因此，劳动是人与自然相互联系、相互作用的媒介，它从本质上将人与动物区分开来，从而创造了人本身。

除此之外，劳动还创造了人与人之间的内在联系，构成了人类社会。马克思说："人的本质并不是单个人所固有的抽象物。在其现实性上，它是一切社会关系的总和。"人的本质属性是其社会性，每个人都必须通过消费一定的物质生活资料才能够获得生存与发展，而物质生活资料是人与人共同劳动的结果，是社会劳动的产物。劳动促成了物质资料的占有和使用，产品的分配、交换和消费，还有人们之间具体的分工与协作。所以，劳动是社会存在和发展的最基本条件，劳动创造了人类社会。

其次，劳动促进人的自由全面发展。马克思以异化劳动理论为基础，尖锐地批判了资本主义社会的异化扭曲人的本质的现象，科学地揭示了资本主义异化劳动的本质，在《1844年经济学哲学手稿》中他写道："工人生产的财富越多，他的生产的影响和规模越大，他就越贫穷。工人创造的商品越多，他就越变成廉价的商品。物的世界的增值同人的世界的贬值成正比。"在资本主义世界，劳动本身发生异化，随着生产劳动产品的数量、规模、形式越来越丰富，劳动者本身的价值却越来越不被重视。劳动者为了生存不得不为资本家工作，资本家为了获得更多的物质利益不停地压榨劳动者的剩余价值，人与人之间的关系逐渐演变成了物和物之间的关系，是一种物对人的统治关系。马克思极度地渴望这种现象在未来能够得到纠正，他在《哥达纲领批判》里谈道，在这样一个社会，也就是未来共产主义社会，它的社会生产力高度发展，人们劳动不再只是为了生存，而是为了在劳动中能够更好地得到自我发展、自我实现、自我创造与自我升华，这比谋生来得更有意义、更为重要。到那时，劳动便成为了人们生活的第一需要，其外在目的（物质生活资料的需求）

便让位于内在目的（人的自由全面发展），"劳动也就恢复其本来面目，成为一种享受"。马克思在《共产党宣言》中也写道，未来将有这样的一个联合体"代替那存在着阶级和阶级对立的资产阶级旧社会"，"在那里，每个人的自由全面发展是一切人的自由全面发展的条件。"可见，劳动的根本目的便是实现人的自由全面发展。

在马克思、恩格斯看来，人不仅凭借劳动满足最基本的生存需要，实现社会财富的创造和积累，而且人最终也要通过劳动来实现人之为人的自由本质。劳动不但创造了人的物质生活，也充盈着人的精神世界。在具体的社会生活中，我们也能够看到：劳动规模逐渐扩大、劳动对象越来越多样化、劳动过程日趋复杂等等，这些都在一定程度上促进着劳动者自身能力与素质的提升。此外，劳动还可以磨砺人们的意志、影响着人们的品格。通过劳动，人们能够在实践中获得满足感和幸福感，能够学会勇敢、勤奋、坚韧、团结等优良品德。因此，可以说，人是通过劳动来实现自己全面自由的发展的。

再次，劳动促使社会历史的发展。社会发展的最终决定力量不是精神、意志、神灵，而是人的劳动实践。马克思在《德意志意识形态》一书中指出："我们首先应当确定一切人类生存的第一前提，也就是一切历史的第一前提，这个前提就是：人们为了能够'创造历史'，必须能够生活。但是为了生活，首先就需要吃喝住穿以及其他一些东西。因此第一个历史活动就是生产满足这些需要的资料，即生产物质本身，而且这是这样的历史活动，一切历史的一种基本条件，人们单是为了能够生活就必须每日每时去完成它，现在和几千年前都是这样。"劳动是一切历史的基本条件，人类必须通过劳动生产出这些生存必需的物质资料，从而产生了生活和历史。马克思从唯物主义立场出发，阐明了劳动对整个人类历史的重要意义，并进一步强调："任何一个民族，如果停止劳动，不用说一年，就是几个星期，也要灭亡，这是每一个小孩都知道的。"

二、树立正确的劳动观

2020 年的春天值得我们永远铭记，要牢记的不仅是这些特殊的日子，更应该是 14 亿人艰苦卓绝的努力，是每位劳动者埋头苦干、默默奋斗的可爱模样。疫情之下，让我们对劳动有了更加全面而深刻的认识，对劳动者有了更多的感动与尊敬。是他们不分昼夜的驰援，换来了我们紧闭房门时内心的些许安稳；是他们不畏艰辛的守护，换来了我们现在平静而充实的生活。

袁立超，中日友好医院感染疾病科医生。2005 年袁立超从西安交通大学毕业，来到中日友好医院后一直在从事感染疾病科工作，在工作中他从来都没有失约过。在北方每年的冬天都会有一段时间的流感季，今年的流感在春运前结束了，但随之而来的便是疫情的大面积爆发，接诊发热病人、采集咽拭子、筛查疑似新冠肺炎患者......每一天都面临着可能被感染的风险，凡是有发热的、有呼吸道症状的、流行病学史的

544626611728

都会到发热门诊就诊，这极大地增加了他们的就诊压力。但袁立超仍坚持说自己是一名与传染病打了几十年交道的医生，在这一点上他责无旁贷。

王金良，浙江省常山县乡村语文老教师。在王金良所带的班级中留守儿童占了70%左右，因为孩子们缺乏上网课的条件，疫情期间为了让孩子们能够跟上学习进度，他风雨无阻，坚持每天走30公里路，为35名同学收发作业、辅导功课。每天早上5点多，王金良便背上双肩包出门收发作业，大约要花两个小时才能将作业全部收发完毕，途中经过了他早已安排好的七个路线点，保证每个孩子都能够准时拿到作业，并抽出剩余的时间帮学生补习功课。下午三点半王金良便再次出发，将孩子们半天的作业收回，带到家中批改。疫情期间，王金良用沉甸甸的书包装满了对孩子们满满的爱，宁愿自己吃苦也决不亏待孩子，他只希望孩子们可以走出山村过更好的生活。王金良说："我还有两年零七个月就要退休了，几十年的教学生涯，我最舍不得的就是这些孩子。"

张玉欣，一名从小在武汉长大的"00后"大学生，疫情发生期间，张玉欣自愿报名参加志愿者工作，承担起为小区居民买药送药的责任。张玉欣服务的龙灯社区是一个老旧小区，有一万多人口，居民大多是老年人，小区居民买高血压、糖尿病等慢性病的药物比较多，有的隔几天就需要再买一次。社区封闭解除前，最多的一次，她一天要买五六十种药品，光排队就要好几个小时，登记、买药、送药，有时药没买到还要忍受居民对她发脾气。尽管如此，张玉欣还是一边安抚老人，一边继续买药，持续不断的付出温暖了老人们的心。张玉欣说，当社区居民向他们表示感谢的时候，让她感觉到自己是被需要的，那是她内心觉得最温暖的时候。

在武汉江汉区民意街派出所内，因为工作的原因被同事说了几句，60多岁的厨师潘师傅再也忍不住内心的委屈，在楼道中泣不成声。疫情期间，由于另一位炊事员被隔离，潘师傅便独自扛起了买菜、洗菜、做饭、厨房保洁的任务，从年前到现在就一直在上班工作，负责为60多名民警提供一日三餐。这样的指责让潘师傅觉得自己的坚持没有被理解而落泪，在民警们的安慰下，潘师傅逐渐平复了情绪，再次投身到自己的工作当中。

其实在我们身边，还有很多像潘师傅这样的不被理解的劳动者。相信我们还记得40岁躺在路边健身器材上睡着了的葛振兴，当被问起差评时情绪失控痛哭起来的模样，还记得高速公路收费员那张"最敬业的变脸"，但是我们也能够想起那个为拾荒老人送瓶子、戴口罩的孩子，想起杭州路边为环卫工人提供茶水的93岁凉茶老人。在这些事迹里有的是默默守护别人的人，有的是被别人默默守护的人，有的因被他人感谢倍感温暖，也有的因不被人理解痛哭流涕，他们都有着一个共同的名字，那就是劳动者。

让我们把目光再次投向武汉的沌口长江大酒店，一群环卫工人因为要到医院做保洁，被安排在酒店内隔离14天。在隔离结束退房的当天，市场销售部经理程渝被眼前的一切震撼到了，一间又一间，连着9间房间，干净整洁得就像是没人住过一样。程渝不敢相信眼前的一切，一边一间间地打开房门，一边却再也没有勇气去查看，她说："我从来没见过，退房之前还帮你把卫生整理好……虽然他们是做着整个城市最累最脏的活儿，但是我第一次感觉到他们的心灵是那么的美好。"

是啊，那么的美好！在生活中，我们总是能够或多或少地感受到劳动所带给我们的"小美好"。我们因劳动而生存、因劳动而相互联系，每一份劳动都是别人辛苦的付出，没有任何高低贵贱之分，都是值得被尊重的。

人世间的一切幸福都需要靠辛勤的劳动来创造，要教育孩子们从小热爱劳动、热爱创造，在劳动创造中播种未来的希望、收获丰硕的果实。青年是一个最富有活力和激情的群体，是一个社会接续奋斗的希望，是一个民族的未来，其劳动价值取向关系到未来整个社会的价值取向。所以，全社会尤其是青年学生更应树立正确的劳动观，尊重劳动者、传播科学的劳动文化，践行"劳动最光荣、劳动最崇高、劳动最伟大、劳动最美丽"的基本观念。我们应坚守劳动所带来的正义感，积极传播正能量，让崇尚劳动成为社会的主流，做到尊重劳动岗位、崇尚实干精神，不断强化劳动观念，增强创新意识，在劳动中思进取、创未来。我们还应学习榜样的力量，坚信劳动价值，养成劳动的好习惯，树立正确的劳动理念，为走出校门参加社会实践打下坚实的基础。

　　大学生作为受过良好教育，即将进入社会成为劳动者的群体，通过劳动教育培养其社会责任感、提高竞争能力和自身素养有重要意义。加强自身劳动教育，不仅是今后生活的需要，也是未来生存的需要，更是让其生命更好地发展的需要。高校作为育人的主阵地，培养大学生的全面发展尤其是创新能力既是高校教学重要的目标之一，又是新时代赋予高校的重要使命。实施好劳动教育，就要更好地发挥校园这个载体，从学生日常入手，以自我和集体为对象在课堂劳动实践中树立正确的劳动观，承担责任，实现个人成长；从平凡中感悟劳动的魅力，从劳动中创造出美好生活，从而奠定人生健康成长的基石。

第一节　认真做好日常生活劳动

一、在自我服务劳动中实现个人成长

前段时间网上被"李子柒"刷屏了，作为知名短视频博主，她拍的视频以中国传统美食文化为主线，围绕农家的衣食住行展开，古韵十足。在她的手上，美味佳肴、笔墨纸砚、服饰家居都能一点一点做出来。她的作品向人们传达出积极向上、热爱劳动、热爱生活的态度和独立自强的奋斗精神，在海内外圈粉无数。而使李子柒成为"全球网红"的不是外貌，而是肉眼可见的"劳动创造幸福"。是的，劳动是人类世界最重要的活动，也是最通用的语言。自"李子柒"爆红之后，网友纷纷喊话要"解甲归田"，网络上也迅速诞生了"精致生活"、"生活需要仪式感"等词。这些热词的爆红背后寄托着人们对美好生活的向往之情，对健康、平安、幸福生活的渴望。而劳动教育中的自我服务劳动可以说是当下的"精致生活"，其实"精致"一词与物质没有绝对的关系，它不需要金山银山来堆砌，它只是一种用心的生活态度，要的只是一颗热爱生活的心，一份对生活的认真。

对于自我服务劳动而言，它是指一些为自己日常生活服务的最简单的劳动形式，比如饮食方面的自己日常三餐碗筷的整理，卫生方面的衣服和鞋袜的洗涤、宿舍的打扫、被单的清洗和书桌床铺的整理等这些基本的生活技能。干净整洁的衣着，舒适轻松的生活环境这是最基本的劳动形式，也是自己生存能力的体现，是自我意识的凸显。自我服务劳动体现的是人的一颗热爱生活的心，一份对生活的认真。与生活"较劲"、自律生活，开展创造性劳动，使自己成为"精致女孩（男孩）"，坚守"民生在勤，勤则不匮"。学生自身也可以根据自己所处的不同阶段要求做不同的服务劳动，要求只需力所能及，尽力而为。自我服务劳动就是对自己的管理、教育。最终在劳动的过程中激发自己内在潜藏的活力和热情，坚持自己对生活的向往和信仰，认真生活，热爱劳动，创造出属于自己的美好生活。

"体质不强，何谈栋梁"，大学生作为建设祖国未来的接班人，拥有一个强健的体魄是一切先决条件。踏入大学后，脱离了紧张枯燥的高中生活，进入宽松舒适的氛围中，感受着"快乐肥宅"的生活。然而随着社会科技的发展，越来越多的"低头族"出现在高校校园里，夜晚也成了他们的"主战场"：熬夜玩手机、熬夜打游戏、熬夜追剧等现象几乎发生在每个学生的身上。"啤酒加枸杞，可乐放党参"也得到了广泛的认可，但是仅仅依靠"佛系养生"是没有用的，所谓的"佛系养生"只是披着养生的噱头，给自己熬夜找的一个自我安慰的理由。强健体魄需要的是坚持适度的锻炼，充足的睡眠，均衡饮食，保持良好的生活习惯，这些适当的体力劳动和体育运动，可以促进学生身体的新陈代谢，增进呼吸系统、循环系统、消化系统等机能，促进自身健康发展。通过强身健体，增强体魄，还可以促进手脑协调能力，锻炼出人身体的协调优美的动作。同时，学生在劳动锻炼的风吹日晒中，不知不觉增强了身体的抵抗力，增强了对环境的适应能力。

兴趣是最好的老师。学生对劳动对象产生浓厚兴趣才能产生动手的欲望，从而促使学生感受到劳动教育的魅力。简单的美育是指从自己衣柜的整理到服装搭配再到个人空间的装扮等。劳动可以赋予审美教育发现美的机会，学生可以通过劳动，发现生活中以前不曾发现过的美，比如校园内花草树木的品种、规划等。适当的劳动教育引导他们发现生活中普通平凡的美，可以让使内心获得平静，行为变得斯文，促进形成健全的人格。再次面对大学这个崭新的环境，将会对实现自身的价值和能力开始有所期待，渴望拥有一个能够展现自我的平台。劳动教育正是这样一种平台。普通的理论知识的学习，是通过掌握一定的科学知识和客观规律，实现了从感性认识到理论认识的转变。而劳动教育是可以通过劳动实践课程，在教师的指导下，让学生自己运用自己所学的知识经验运用在实际生活中，在运用的过程中体会到科学知识的真实作用和价值，进而激发对知识进一步探索的兴趣。因此，让学生觉得学有所用，体现自身的价值，是激发大学生学习兴趣的根本动力。同时，在劳动的过程中展示出自己的才能，获得成功的体验和喜悦，能够让人变得更加自信，一个自信的人是充满光亮的人，会变得对世界充满关心和兴趣，并且相信自己有解决任何问题、克服任何困难的信心和能力。

人的最高追求物不是别的，正是人自己，是人的自身本质，也就是要使自己成为人；人把其他一切能满足自身需要的东西看作价值物也不是由于别的，只因为它们作为实现人的本质的必需之物因而便被看成本质自身之物。

二、在集体互助劳动中彰显责任担当

在宿舍集体劳动中团结互助。劳动是形成人与人之间关系的纽带。正如马克思所说的人在本质上是群体动物，在其现实性上是一切社会关系的总和。寝室人际关系是大学生人际关系的一个基本环节，而毫不起眼的宿舍管理直接地影响着寝室的人际关系。然而因宿舍日常管理问题导致宿舍关系恶化的现象层出不穷，在宿舍里因人而异或因地而异的卫生习惯不一样，比如南北方生活习惯、饮食习惯等的差异；在长期的宿舍生活中养成散漫、懒惰、懈怠等心理；这些因素归根到底还是个人意识过强导致的。宿舍作为最小的集体单位，只有把个人放入集体，通过集体的团结互助才能发挥最大效能，产生"1＋1＞2"的效果。因此可以以寝室为单位或者整个宿舍楼为单位进行劳动教育活动，可以通过"宿舍文化节、最美宿舍"等作为激励，调动大学生劳动的积极性，增强学生团结力、凝聚力和创造力；增进宿舍成员之间的友情，激发同学们内心深藏的热情，展现同学心中渴望的个性；同时丰富大学生宿舍文化生活，提升宿舍文化品位，给同学们营造一个"团结、友爱、文明、健康、热爱劳动"的文化氛围。

在社团活动中树立集体意识。社团是加强和改进大学生劳动教育的重要依靠力量，形形色色的社团就是一本本鲜活的劳动教育书本，对于引导大学生进行自我教育、自我管理和自我服务，调动学生劳动的积极性与主动性发挥着重要的作用。社团是集自我劳动和服务自我于一体的活动，学生根据自己的个性、兴趣、意愿等加入社团，展现个人风采。但社团不仅仅是展示个人魅力也是团结合作、平等友爱的舞台，社团的发展需要成员的共同努力，要利用学生支部号召力和凝聚力，做好劳动教育的组织、协调和实施，在社团活动中造就正确的劳动观、劳动态度，树立集体意识和培养大局观念。

在校园日常运行的劳动中践行责任与担当。"学校是我家，卫生靠大家"，这句话大家是耳熟能详的，学生是学校的主人，而学校是学做人、做事最开始的地方。对于学校日常卫生环境的维护一方面能够为自己创设舒适整洁的环境，做到爱惜自己的劳动成果，养成良好的卫生习惯。另一方面在劳动中明确自己的责任，强化担当意识。在劳动的过程中学生看到自己辛勤劳动的结果，从而能感觉到自己被集体所需要，自己在为集体作出贡献的同时，通过成员之间相互理解，取长补短，各尽其职，精诚协作，使自己不断成长。学生也可以根据自身不同的兴趣需求和自我条件，尽可能地参加校内工作岗位，如食堂助厨、宿舍楼助管、图书管理员、助理班主任等岗位，让学生有机会投入到生产实践中去，把理论和实际联系起来，提高自身的实践技能，增强工作能力和创新能力，让学生投身于劳动锻炼中，培养吃苦耐劳和坚忍不拔的品质，实现全面发展。

一滴水，只有放进大海才不会干涸；一个人，只有融进集体，才能展现它的才华和生命的价值，在集体劳动中升华"小我"，努力练就过硬本领；勇敢担当，不断实现自我价值。

三、在课堂实践劳动中学以致用

青年一代有理想、有担当，国家就有前途，民族就有希望。"时代新人"不仅需要丰富的知识，还要练就过硬的技能，不断开阔眼界。大学生们通过劳动实践来认识世界，改造世界。无论体力劳动还是脑力劳动，都能够让大学生增长能力和才干，不断拓宽实践的范围和视野，促进大学生更加深刻地理解书本的知识。在理论学习中结合社会实践提升大学生的从业本领，在社会实践教育中锻造大学生的理想信念，磨砺时代新人的意志。

《意见》对于大中小学如何开展劳动教育课程中作出了明确指示，其中"大学本科阶段不少于 32 学时，在课外校外安排中大中小学每学年设劳动周（高校也可以安排劳动月）"，《意见》要求"学校开齐开足劳动教育课程，统筹安排课内外劳动实践时间，结合学段特点和所在地区实际，规划好劳动教育课程内容，组织实施好劳动周，有序安排学生的集体劳动，加强对劳动教育的研究，提高教育效果"。

开展劳动教育需要通过业务指导教师的科学指导、规范管理和行为训练，学校课程规模可分为大课与小课两种形式，大课以系为单位进行，小课以班为单位进行。小课的教师注重传授相关劳动经验，以及正确劳动观的引导。大课有利于学生进行集体互动，增强团队合作劳动的能力。根据不同年级的学生身心发展特点，制定不同的劳动教育内容，对于大一新生，可以引导其积极参与校园日常劳动，不仅可以让其尽快熟悉高校生活方式，还可以帮助引导端正他们的劳动观，养成良好的劳动习惯，培养独立自理的能力。让他们在劳动中体验生活，体验与以往中级学校教育不同的生活，引导他们思考真正的人生与生活。对于大二学生，着重安排其参加社会实践劳动和公益劳动，在对劳动教育有了初步认识的时候，可以将其运用在社会劳动中。对于大三学生，可以开始对他们进行有关新时代职业技能相关的课程，如创业和就业方面的教育。这点和中长期青年发展规划中的青年就业见习计划相吻合。对于大四学生而言，应该多关注他们的实习实践，尽早安排学生进行专业实践，为学生毕业后的就业做好准备。

教育是一种系统工程，劳动教育的自身综合性注定其是一项系统工程，在高校的专业课程中，到处都有劳动教育的资源。因此，劳动教育应该渗透到各类专业课程当中。在理论课堂上，高校专业课教师可以结合本专业内容对大学生进行劳动教育。比如文学教材中大量古代诗歌、文学作品都有许多关于劳动的描述，在对这些作品的讲解分析过程中把劳动教育渗透进去，一方面可以提高学生对作品的鉴赏能力，另一方面可以让学生感受到劳动教育的魅力；哲学教材中，除了马克思主义哲学有关劳动的论述，还有中国哲学部分有关劳动的论述，将劳动教育提升到哲学的境界让学生去品味。除了文科专业外，理科专业也同样渗透着劳动教育思想。可以从某一定理或者某一实验艰辛探索的过程中，教会学生吃苦耐劳、坚持不懈、勇于探索真理的劳动精神。在实践课程中，不同学院可根据自身专业特色，结合本专业实践课程穿插对劳动教育的渗透。如教育系的学生可以组织去孤儿院义务担任教师，开展"科技下乡"、专业的调研，或者为学习差的中小学生义务补课；园艺设计系的更是可以大胆规划校园设计，让校园成为学生的主实验地等等。

把劳动教育课程作为课程体系的重要组成部分，构建以"立身修心"为总体目标，以"修德、明理、尚学、生才"为教育基本元素的课程体系。把劳动的理念和行为渗透到学习的各个环节中去，学生通过劳动管理实践的亲身体验，认识自我，认识社会，体验生活真谛，引发思想感情的变化，达到自我教育的目的。

第二节 以劳动增色校园文化建设

高校校园文化是加强大学生劳动教育的有效载体和重要渠道，营造崇尚劳动、尊重劳动的良好风气，优秀的高校校园文化环境是一种无形的感染力量，它能够潜移默化地培养学生劳动技能和道德品质，鼓励大学生树立劳动光荣、勇于吃苦、勤于劳动、积极创新的劳动价值观。因此，以劳动增色校园文化建设，从校园精神载体、教职员工、劳动教育品牌等多个维度全面强化校园文化建设对劳动教育的支撑作用，这对于切实提升劳动教育的实际效能、努力构建德智体美劳五育并举的育人格局具有重要意义。

一、挖掘校园精神载体中的劳动因子

以校史讲劳动故事。以校史为载体，将劳动故事讲给大家听。现在不少高校研究校史文化，取得了令人瞩目的成就。学校在做好劳动教育必修课程的基础上，深度挖掘高校校史中的劳动因子，用深刻鲜活的校史劳动故事融入学生情感世界，以悠久校史的方式点燃学生对高尚劳动的向往；可以通过诉说学校杰出校友的劳动故事、学校发展史上的重大历史事件、劳动精神的传承故事、新时代学子的青春创业故事等，展现学校在劳动精神的引领下砥砺奋进、不负韶华的精神风采。中国劳动关系学院以"立德守正，崇劳创新"作为自己的历史使命，于 2019 年建校 70 周年之际落成校史馆，浓缩记录了学校办学历史上的精华篇章，展示了学校改革发展的巨大成就，是几代学子自强不息、艰苦奋斗的缩影。品读校史、挖掘校史中的劳动因子是讲述学校沧桑巨变、传递历史文化精神的一项活动，在感受历史故事的过程中，也能增强我们的责任感与使命感。

以校训扬劳动精神。学校之强，在于精神之立，校训精神是一所大学一贯秉承、践行的，能充分彰显学校追求的教育观、价值观、育人观。高校可以立足于学校发展史的精神传承，赋予校训以崇尚劳动、尊重劳动的时代精神，让每一位师生高举校训旗帜，铭记校训精神，弘扬劳动精神，成为每一位师生的精神文化认同和自觉追求。清华大学的校训"自强不息，厚德载物"，华东师范大学的校训"求实创造，为人师表"，东北师范大学的校训"勤奋创新，为人师表"，等等，是每一位师生团结奋斗、拼搏创新的精神旗帜，自强、创新、勤奋等内容也都体现着"劳动创造美好世界"的精神。

以校歌唱劳动信仰。"日出而作，日入而息，凿井而饮，耕田而食"。从尧时期就流传下来的民谣《击壤歌》唱出了劳动的自由和美好，也歌颂了劳动的信仰与价值。信仰是一种力量，当有社会责任、爱劳动、善合作等信念教育传唱入心，对学生就形成了一种潜移默化的教育。清华大学校歌"行健不息须自强"，上海师范大学校歌"我们要创造未来，创造辉煌"，中国科学技术大学校歌"我们是祖国的好儿女，要刻苦锻炼，辛勤劳动"等等，这些高校以校歌的感召力、凝聚力，激发学生的劳动创新意识，树立崇尚劳动、尊重劳动的信念。以校歌唱劳动信念，不仅能激起广大师生的凝聚力，更能增强其劳动热情，坚定热爱劳动的信心，树立学生德、智、体、美、劳全面发展的优良形象。

二、让高校教师成为劳动教育的先锋示范

身教重于言传，劳动教育，教师先行。学校是育人的场所，劳动教育是学校育人的一部分，高校教师可以发挥好在劳动教育中的先锋示范作用。

教师要注重正向引领，成为劳动教育的"示范镜面"。教师要坚持一个"主动示范"的好习惯，做劳动教育的生动教材，教师可在示范、启发、引导的教学过程中轻松自如地展示自己的劳动技艺，不错过向学生展现"劳动创造美"的机会，感受"劳动者的美""劳动是一切幸福的源泉""美好的生活要靠劳动来创造"，从思想上改变学生对劳动的不正当观念；在班级或学校劳动中，教师要和学生一起参与，呈现劳动带来的快乐效果，提高劳动教育的感染指数，给学生充分的引领和带动，言传身教才是教师言行一致的最好体现。

教师要做好课堂规范，打造劳动教育的"示范环境"。教师要端正自己的价值取向，将劳动教育摆在合适的位置，充分挖掘自身学科所蕴含的劳动教育元素，在教学情境中切入感染学生的劳动画面，在师生互动中激励学生的劳动体验。在课堂上通过描写劳动者的美，以美的视角来赞美劳动者，讲述劳模故事、展示精湛匠艺、分享工匠情怀，让劳模精神、劳动精神、工匠精神入脑入心，切实增强劳动教育的感染力，达到心的共鸣。还可以利用家长对学生劳动教育的影响，通过教师引导家长有计划、有步骤地指导孩子参与家务劳动，强化正确的家庭劳动教育对学生劳动习惯的影响力。

三、以劳动教育品牌引领校园文化风尚

校园文化从学校办学开始设计学校的各个方面，是对学校课堂教学的一种延伸和补充，素有"第二课堂"之称。因此需要打造具有"劳动教育"品牌特色的校园风采，让劳动教育品牌引领校园文化风尚。

以文创活动塑造劳动教育品牌。打造具有"劳动教育"特色的校风环境，高校在进行劳动教育时应注重基础教育设施的开发和有效利用，结合专业特色和实际情况，开展各具特色的劳动文创活动。例如同济大学作为"全国高校实践育人暨创新创业工作联盟"秘书单位，建立校企合作实习基地665个，国家级大学生校外实践教育基地6个，国家级工程实践教育中心28个；华东理工大学则设立高校后勤劳动教育实

践基地，大学生们跟着食堂厨师长学做菜；上海建桥学院开设"文明修身"劳动教育必修课，通过组织学生亲身参与劳动锻炼，让学生懂得尊重劳动、珍惜劳动成果，引导学生在劳动中"强责任""长才干""作贡献"。

以劳动分享传播劳动教育品牌。学校通过鼓励学生在微博、微信朋友圈、抖音、微信公众号等平台发起"劳动最美"的主题分享，分享自己掌握的劳动知识，练就的劳动本领，收获的劳动成果，在劳动中的所思所想所感等；并且要积极宣传，选树典型，对活动中反映出来的具有示范性、实效性、创新性、推广性的优秀内容，第一时间做好文字、图片、影像资料的收集整理工作，积极通过有关媒体做好宣传报道，引导青年学生学习劳动精神，传播正能量，树立正确劳动观。上海财经大学在新冠肺炎疫情期间，倡议大家每天居家劳动1小时并定期在线推送技能知识。上海大学将春季学期开学第一周设为"劳动教育主题周"，学生们发起"劳动打卡""志愿服务到社区"等活动。学生良好的劳动习惯、学风在这种教育环境下就会逐步形成，最终形成具有吸引力的劳动教育项目，具有凝聚力的劳动教育品牌，具有感染力的劳动教育校园文化，以此续写劳动教育工作新篇章，助推学校发展新征程。

第三节　向身边的劳模看齐

在中国现代化建设进程中，无数的劳动模范们前赴后继，在平凡的岗位上干出了不平凡的业绩。无论何时，劳模始终是我们民族的脊梁，劳模精神始终是我们民族精神的象征，是建设中国特色社会主义的精神力量。劳模离我们并不遥远，在我们的身边，在大学的校园里，有着这样一群与我们年龄相仿，勇于担当、乐于奉献的青年。他们虽来自五湖四海，怀揣着不同的梦想，但却拥有着一颗向上向善之心。为中华之崛起而读书，他们用智慧书写青春的传奇，用汗水浇灌新时代的希望，用劳动创造美好的明天！

一、时代接棒人，战疫排头兵

一代青年有一代青年的历史际遇。在国家和民族的历史传承中，青年就是每一个时代的接棒人。举国战疫之时，青年一代镌刻下属于他们的时代印记。在与时间赛跑、与病魔较量的紧要关头，到处都活跃着年轻人奉献的身影，到处都能看到青春的力量和担当。

新冠肺炎疫情突如其来，在信阳师范学院，新疆籍大四学生如则·玉苏普，没有选择回到疫情相对较轻的新疆老家，而是留下来主动报名参与信阳市 20 多个小区的物资配发工作。作为一名来自新疆的少数民族青年，他用实际行动展示了当代大学生的责任与担当！3 月 5 日，中共河南省委高校工委对在疫情防控工作中表现突出的 18 个基层党组织和 31 名共产党员进行通报表扬；3 月 14 日，河南省委组织部通报表扬第三批 35 名在疫情防控工作中表现突出的共产党员。在这两次通报表扬中，如则·玉苏普都"榜上有名"。截至目前，河南省委组织部共通报表扬 4 批 142 名在疫情防控工作中表现突出的共产党员，如则·玉苏普是其中唯一的在校学生。

如则·玉苏普来自新疆一个贫困家庭，小时候经常听老一辈动情地说"没有共产党，就没有新中国"。他目睹自己的家乡建设得越来越好，乡亲们的生活水平逐渐提高，党对少数民族的学生也关怀备至，于是"成为他们中一员"的梦想开始在他心中萌发。他学习勤奋，热心公益，凭借自己的努力不断进步，终于在大二时光荣地加入中国共产党。他说："在今后的学习中，我会更加刻苦认真，只要国家需要，我一定会贡献自己的一份力量。"成为共产党员后的他没有食言，他不忘初心，牢记使命，今年 1 月，新冠肺炎疫情发生后，如则·玉苏普勇于担当，自愿放弃休息时间，积极投身到抗疫一线。

2 月以来，作为疫情防控员的如则·玉苏普连续多天在社区站岗执勤，认真做好往来人员排查和体温检测工作，并主动要求跟随社区工作人员，为居民送蔬菜、水果、米面油等生活必需品，先后跑遍信阳市区 20 多个小区，受到小区居民交口称赞。谈及志愿服务的经历，如则·玉苏普眼眶有些湿润。他每天早早起床，尽量在上午 7 点前整理好配发物品，随后和同伴一起开启忙碌的一天。每到一个小区，如则·玉苏普都会掏出手机联系居民，他说："这次志愿服务是我认识人最多的一次！我结交了很多朋友，也收获了很多感动。"

也正是通过这个特殊的际遇，他亲身参与了志愿服务体会到了为社会作贡献、为他人送温暖的幸福所在，被关爱是一种幸福，关爱他人更能够收获不一样的满足！像如则·玉苏普这样在疫情中为社会作出贡献的青年学生不在少数，正是他们让我们看到了中国青年之责任与担当，中国青年正在从老一辈手中接过建设美好中国的接力棒，让我们相信明日中国将会在这一代人手中发展得越来越好！

二、不屈命运安排，"心光"点亮世界

泰戈尔曾说："世界以痛吻我，我要报之以歌。"上帝为她关上了一扇门，她却通过自己的努力打开了一扇心窗，让阳光透进来，照亮自己的生命，发光发热，也点亮了他人的世界。

黄莺，全国首位参加普通高考进入 211 重点大学的盲人学生，2015 年以高出一本分数线 85 分的成绩考入武汉理工大学社会工作专业，中国大学生年度人物、中国大学生"自强之星标兵"、湖北省"最美新生标兵"。自入校以来，她勤奋学

习，积极参加科技创新，连续三年综合测评班级第一，发表科技论文，参加科技竞赛获得省级奖励，最终获得研究生保送资格。她用心温暖他人，为盲人学生提供盲文辅导与求学的建议，参加湖北省"喜迎十九大，圆梦中国人"百姓宣讲团、"百生讲坛"省级巡讲等，开展了十余场演讲，向更多人传播正能量。

两岁那年的一次高烧，让黄莺成为了一个双目失明的女孩。生活在黑暗世界中的她却对生活充满了希望，她始终坚信："除了看不见，我什么都能做。"6岁那年，在她的不懈坚持下，父母将她送入宁夏特殊教育学校学习。在学校中，叠被子、洗衣服等一切都要靠幼小的她独立完成。黄莺没有气馁和放弃，而是勇敢地面对了生命的残缺。初中毕业后，大部分盲人学生都选择了接受盲人职业教育，但她不愿屈服于命运的安排，立志要通过自己的努力拓宽盲人群体的就业之路。为了梦想，她积极争取到参加青岛盲校中考的机会，虽不幸落榜，但她毅然选择了复读。两年后，黄莺以全国第四的成绩考入了青岛盲校普通高中部，"大学梦"成为了她新的奋斗目标。2015年6月，她作为宁夏首位参加普通高考的盲人学生，以高出当地理科一本线85分的成绩被武汉理工大学社会工作专业录取。

进入大学后，黄莺又面临了新的挑战。生活上，她第一次进入不熟悉的大学校园，面对更复杂的校园环境，甚至有时要往返于15公里以外的校区参加活动。学习上，她也面临了巨大挑战，高数等个别课程没有盲文教材、无法观看老师的板书、考试时必须通过听的方式记住一道题目再进行作答……这些困难并没有使她退却，相反，她立刻就喜欢上了节奏紧张而又充满活力的大学生活。在老师同学们的帮助下，黄莺顺利学会了使用盲杖在校园行走，并渐渐适应了大学的学习和生活。为了能跟进上课节奏，她摸索出"口述—盲文记录—盲文学习—盲文解题—口述"的学习模式，仅高数一门课程就额外进行了40多次补习，累积抄写的盲文笔记近300页。黄莺积极参加力所能及的志愿服务活动。她创办了公众号"盲着看看"，分享自己在普通高校的学习生活经验，为盲人学生提供盲文辅导与求学的建议，她还为中途失明的学生提供疏导及一定的资源链接。在她的影响下，湖北、辽宁等地的一些视障学生走上了普通高考的道路，并取得了十分优异的成绩。

她积极参加校内外活动，以"喜迎十九大，圆梦中国人"百姓宣讲团、"百生讲坛"省级巡讲团、武汉理工大学优秀学子报告会等为契机，奔赴湖北省各高校，进行了十余场次演讲，受众几万余人。她以"除了看不见，什么都能做"为题，讲述自己的故事，激励更多人拥有战胜困难的勇气。以"心光"为世界明灯，用不屈为人生铺路。面对人生的残缺，她勇敢坚毅，用加倍的勤奋还击命运的不公。在勤学之路上，她始终记得自己的"心光"——要通过自己的努力拓宽盲人群体的就业之路。她用勤奋证明：志不立，则天下无可为之事，她也将加倍努力成为盲人群体自立自强的开拓之光!

三、浸心尖端科技,创新回报社会

曾几何时,劳模在很多人的印象中,和"出力流汗老黄牛"画上了等号。劳模不只是靠吃苦耐劳、硬打硬拼,更需要责任、担当和智慧,更离不开创新精神和家国情怀。"爱岗敬业、争创一流、艰苦奋斗、勇于创新、淡泊名利、甘于奉献",新时期的劳模精神有着更加丰富的内涵,和我们的工作、生活贴得很近,在青年学子中倡扬劳模精神正当其时。

吕松,中国科学技术大学工程科学学院热科学和能源工程系 2017 级博士研究生,2018 年"第十三届中国大学生年度人物"。研究生期间,他将自己的学术研究成果用于解决社会热点问题,研发出利用人体骑行过程中散发的热量发出电力,并给予智能警示的自发电安全头盔。此发明在第十届全国大学生节能减排社会实践与科技竞赛中获得最高奖全国特等奖,在第 45 届日内瓦国际发明展中获得金奖,吕松也因此荣膺 CCTV 公益"金牌实习生"。有创意、有激情,吕松凭借刻苦钻研的精神,坚持科技创新研究,让研究解决生活中的问题,化身"精灵、魔法师、剑客",把一组组枯燥的数据、模型转化为实实在在的高科技产品,将尖端科研成果从实验室推向市场,引领潮流,成为当代大学生的典范。

吕松认为学术研究不仅应该解决科研问题,更应该解决实际生活中的问题,让学术研究更好地服务于社会。他在研究常温热电材料时，正值国内掀起共享单车热潮，大量的单车投入使用，安全问题随之而来。在和导师的一次聊天中，他偶然得知导师朋友的孩子在夜晚骑行时发生意外，因没戴头盔受到严重伤害。因为运动发热出汗，绝大多数人在骑行时不愿意佩戴安全头盔，使得我国自行车事故伤亡率大大高于强制要求骑行佩戴头盔的国家，吕松由此萌生了运用热发电技术开发一款自发电智能头盔的想法。为了解决热电材料效率低下的问题，他不辞辛苦，主动联系了全国18家研究热电材料的科研单位和相关企业，以及麻省理工、帝国理工等国际知名高校在此领域的学术泰斗，与他们交流探讨。终于在中低温范围内热电材料中取得突破，成功开发出利用人体骑行过程中散发的热量发出电力，并给予智能警示的自发电安全头盔。这款头盔克服了骑行过程中发热出汗造成的热舒适性问题及无主动警示问题，大大提高了骑行的安全性。同时，利用人体产生的热量发电，更加符合绿色出行、节能减排的环保理念。

作为一名共产党员，吕松以实际行动践行着习近平总书记对科大学生的期望，做"有理想、有追求，有担当、有作为，有品质、有修养"的大学生。他积极投身志愿服务和学校公共服务工作，为公益爱心事业和社会主义精神文明建设奉献力量。作为中国志愿者协会注册的志愿者，他积极参加精准扶贫、民生工程、环保科普等社会公益活动；在受学校公派赴美留学期间，在中国驻美大使馆纽约教育组志愿为留美学生提供文书审理服务，积极参加华人社区服务工作，得到美国纽约州议会表彰，获得"优秀学习和杰出社区服务奖"，为身在海外的中国学子树立了榜样；参与中国科学技术大学先进技术研究院创客中心和校青年创新创业中心的创建、宣传和服务工作，得到师生的广泛好评。

毛泽东曾说："世界是你们的，也是我们的，但是归根结底是你们的。你们青年人朝气蓬勃，正在兴旺时期，好像早晨八九点钟的太阳，希望寄托在你们身上。"大学生肩负实现中华民族伟大复兴中国梦的历史重任，只有把实现理想的道路建立在脚踏实地的奋斗上，才能放飞青春梦想，实现人生价值。"少年智则国智，少年强则国强，少年进步则国进步"，作为中国特色社会主义事业接班人、全面建成小康社会的生力军，广大青年更应该迎头赶上，发扬劳模精神，以主人翁的责任感将"小我"融入"大我"，把国家理想、民族理想与个人理想紧密联系，在实现"小我"价值的同时努力为"大我"奉献，通过实干实现中华民族伟大复兴。

第四章 积极参与社会劳动锻炼

积极参加与专业相结合的社会生产劳动，练就扎实的专业劳动能力。

第一节　专业教育

一、专业教育在提升专业劳动能力中的作用

1. 专业学习本身就是脑力劳动

随着高等教育的不断发展，高校根据社会需求设置不同的专业知识体系，旨在使学生通过吃苦耐劳、踏实肯干、埋头钻研的学习活动，能够掌握系统的专业劳动知识，提升专业劳动能力，在社会激烈的竞争环境下谋得专业化工作岗位，进而为国家和社会作出应有贡献。大学生通过学习来提高自己的劳动能力，创造精神财富，实现自己的劳动价值，学习活动本身尽显作为劳动者的精神面貌和意志品质。元·刘祁《归潜志》卷七："古人谓十年窗下无人问，一举成名天下知。""十年寒窗"讲的就是学习本身就是一项辛苦的劳动。

2. 专业学习是创造性劳动

在高校的各类专业学习中，都能体现创造性的一面。就理工类专业而言，实验教学在人才培养中占据着重要的地位，根据实验教学对促进学生成长的功能不同，大致可以分为演示性实验、验证性实验、设计性实验和创新性实验等 4 类，其

中设计性实验要求学生独立设计实验方案，创新性实验要求
学生独立提出实验课题。就人文社科类专业来说，不管是文
学作品的创作，社会热点问题的调查研究，还是历史资料的
考证，都不可能照搬照抄，都需要创造性地开展工作。就音
乐、美术、动画等艺术类专业来说，每一次演艺，每一幅作
品，每一帧图像都有创作成分的存在，都体现出个体对"美"
的不同理解。

二、为何专业教育在提升劳动能力方面存在偏差

1. "读书无用"，主观上不愿付出努力

进入新世纪以来，"读书无用论"首先从农村出现，在一
些农村学校，放弃高考的学生高达三成。在校大学生利用业
余时间，甚至是逃课打零工，做家教，专业学习投入少，专
业知识不扎实，专业能力缺失，专业劳动能力低效或无效。

究其原因，主要有两个方面。一是高校扩招增速远大于
社会为其提供就业机会的增速，大学生就业难。有数据表明，
2002 年—2015 年间，增加的就业岗位主要集中在"批发和零售
业""制造业"和"建筑业"，以蓝领为主。二是上大学成本越
来越高，毕业后工作收入不高。2013 年，网上热传"捡垃圾都
比读书强"这个话题，女儿拿到大学录取通知书，父亲为她算
起了经济账：大学四年学费加生活费肯定需要 8 万，如果高中一
毕业就开始打工，四年至少可以赚 8 万，这样一来一回就是 16
万。这 16 万都可以拿去投资个房子做首付，或者直接开个店做

生意也能赚钱。可是拿去读大学，毕业后也许找不到工作，或者找一个工作每个月就两三千元，又要四五年才能赚回这 16 万。

2. 专业课教师劳育观念不清晰，客观上得不到指导

教师要潜心教书育人，就应时刻牢记德智体美劳全面发展的教育目标，并将此观念贯穿于教育的全过程中去。今天的高校教师求学时代接受的劳动教育状况如何呢？ 1977 年，国家恢复了中断十年的高考，1984 年，中共中央宣传部和原教育部联合颁布《关于高校学生参加生产劳动的若干规定》，各高校陆续响应，收到了一定的效果。但管理机构还不健全，劳动计划落实较难；"劳动"流于形式，"教育"无人过问；劳动形式单一，人数过分集中，劳动效果差；学校大包大揽，学生依赖心理滋生等方面的问题突出。

多项研究表明，进入 21 世纪以后，我国出现以综合实践课取代劳动教育，造成了劳动教育课程地位的下降、课程目标不明确、课时难以保障、课程实施与场地转作他用等问题。

新时代高校教师在求学时代没有经历严格意义上的劳动教育，工作之后必须跟大学生同时学习新时代劳动教育，真正做到教学相长。

三、如何通过教育提升专业劳动能力

1. 专业知识的学习就是促进劳动潜能向劳动能力转化

大学生的第一职业就是学生，学习即为大学生首要的劳

动过程，其中，专业知识的学习占据着核心地位。这与其他年龄阶段的学生的劳动过程是相通的，即通过学习活动来体现自己的劳动价值。在学生学习劳动过程中，由于本身不参与生产劳动，那么其劳动价值是难以直接进行衡量的，但可以通过间接的方式进行计算。教师通过教育作为具体劳动形式，他们的劳动价值就体现于向社会培养输出符合现代社会生产力、道德规范等需求的劳动力。而学生作为教育劳动的接收方，可以推论学生的劳动价值，即通过学习提升自我，成为符合社会生产力、道德规范等需求的劳动力来体现。由于学生在心智、体力、技能等多方面的不成熟，需要通过学习进一步提升自我价值。学生在学习过程中，劳动潜能逐步转化为劳动价值。劳动价值的体现形式并不是使用价值，而是以吸收知识的方式促使劳动价值提升，以胜任更加复杂或高科技的工作，满足社会需求。

2. 新时代大学生应该做好劳动教育的榜样

大学生是青年的主力军，青年是标识时代的最灵敏的晴雨表，青年的价值取向决定了未来整个社会的价值取向。2020 年，中央广播电视总台承办的五四青年节特别节目的主题是"奋斗的青春最美丽"。三年前一篇题为"沉睡中的大学生，你不失业，天理难容！"的文章经人民日报社和共青团中央通过微信发出后，被各大媒体争相转载，更是霸屏微信朋友圈，足见大学生群体被社会关注度有多高，其对社会的影响有多大。

关于学习，中北大学人文与社会科学学院刘泰来老师在他的微博中说过这样一句话："学生去教室，就像工人去工厂，军队上战场一样，那是天职！"大学生群体在学习劳动上是埋头苦干，还是虚度光阴，都会被教师、医生、商人、清洁工等看到，被感知到，从而传遍社会的角角落落。

3. 专业劳动教育要充分利用现代信息技术

青年大学生是先进生产力的代表，应当承担起推广和普及先进生产力的责任和义务。21 世纪是信息技术时代，现代信息技术是当代社会先进生产力的代表，青年大学生在学习中应该灵活运用人工智能、虚拟仿真、网络信息技术等现代信息技术，拓展专业学习的方式，提升专业劳动技能历练效果。

第二节　在实习实训中培养劳动态度和专业技能

一、实习实训与劳动教育有本质上的联系

实践性是教育的本质属性。加强大学生实践能力、创新精神和社会责任感的培养，是提高高等教育人才培养质量的重要内容。实习实训是高校深化课堂教学的重要环节，是学生了解社会、接触生产实际，获取、掌握生产现场相关知识的重要途径，在培养学生实践能力、创新精神，树立事业心、责任感等方面有着重要作用。

2018 年，教育部发布《普通高等学校本科专业类教学质量国家标准》，对 92 个本科专业类的实习实训做了明确要求。总体上要把握两个原则：一是高校教育要凸显"专业化"，以服务经济社会发展为中心，培养适应新时代、新发展需要的应用型人才；二是实习实训要突出在实践中"动手、动脑劳动"的教学方式，让学生在实践劳动中更深入地理解专业知识、更熟练地运用专业技能，并内化形成个人的知识与技能储备。实习实训中，大学生通过手脑结合的劳动方式，将专业理论知识在实践层面加以应用，在付出真实劳动、体会劳

动艰辛、历练劳动品质的同时，反过来激发专业兴趣，巩固专业思想，提高专业技能，加快个体从掌握知识向形成能力的转换速度，提高教育效率。

二、通过实操，切身感知劳动诚实

尽管国家有关实习实训的规定明确实习实训是理论知识向实践的转化，重在动手动脑，各高校也都有一套严格的实习实训管理体系，但仍有部分学生过于注重考上名校研究生、谋得高薪的岗位等可以即时显性反馈的活动，轻视劳动品德、劳动态度等隐性能力的培养，在实习实训中不愿付出真实劳动，为了拿学分，托关系走后门盖章了事，实习实训成了最不诚实的劳动，就实习实训这项学习任务而言已失去了劳动教育的价值。大学生在学校通过自己学习的努力和付出获得了一定的专业劳动能力，通过实习实训，既能够通过实际操练进行自我检验，又能够加深对所从事行业的了解，确认擅长的领域，积累实际工作经验。

三、通过观察，体会劳动艰辛

著名心理学家班杜拉提出的社会学习理论是以观察学习为核心而建立的。观察学习是指人通过观察他人的行为及其结果而习得新行为的过程。大学生将专业知识转化为能力和技能是一个循序渐进的过程，需要借助实际生产环境了解职业，反复观察职业劳动者。这个过程中既能学习劳动技能，又能通过面对面感受劳动者的艰辛内化劳动态度。比如师范专业学生实习，要求师范生到一线中小学完成备课、授课、管理班级等任务，其中既有对师范生价值观、学生观、教学观等观念的检验，又有对师范生学科能力、教学能力、班级管理能力、自律能力等的考验，师范生需要在实习中认真观察，深入反思，通过观察学习教学和管理，通过观察体会教师工作之艰辛，通过反思思考教师职业之伟大。

四、通过演练，历练完善的劳动品质

在实习实训中，大学生在身份上从学生成为了员工，任务上从学习变成了工作，如果是顶岗实习，还会获得合理的报酬，这种转变让学生有了更多的仪式感和责任感，会促使学生以更加积极主动的态度投入实习实训中。班杜拉认为，观察学习的过程中，人们获得了示范活动的象征性表象，并引导适当的操作。在实习实训中获得了专业方面的示范活动之后，大学生需要经过自主思考、独立操作、严谨训练，其中会经历挫折和失败，会产生消极甚至否定的情绪，会有抱怨、退缩、放弃等不良行为。总之，在实习实训中是演练专业技能，更是历练自信、执着、坚毅等劳动品质。

五、通过反思，促进劳动能力再提升

班杜拉将观察学习分为直接的观察学习、抽象性观察学习和创造性观察学习。所谓创造性观察学习是指观察者通过

对各个不同榜样的行为特点进行新的组合，从而形成一种全新的行为方式，即在模仿的基础上加以创新。如师范生在实习实训中，会观摩多位一线教师，其中有经验丰富的教学能手，也有教学一般的新手，即使是教学能手之间，老师们也都会有自己的特点。对于师范专业学生来说，在观察的基础上，经过深入的实习反思，结合自身特点取长补短，最终形成自己的教学风格。实习实训中的观察、反思为大学生带来了专业劳动能力的重组或升级。

第三节 在产教融合中成为优秀"准劳动者"

劳动教育的核心内涵是教育与生产活动相结合,二者的结合需要教育部门(主要是院校)与产业部门(行业、企业)各参与主体相互配合,充分依托自身优势,促进产业、教育内部及其之间各要素的优化组合和高度融合,达成服务经济转型和满足需要的目的。

2017 年 12 月 19 日国务院办公厅印发《关于深化产教融合的若干意见》指出,深化产教融合,促进教育链、人才链与产业链、创新链的有机衔接,是当前推进人力资源供给侧结构性改革的迫切要求。2018 年 10 月,教育部发布《关于加快建设高水平本科教育 全面提高人才培养能力的意见》(简称"新时代高教 40 条"),明确提出要深化协同育人重点领域改革:推进校企深度融合,加快发展"新工科",探索以推动创新与产业发展为导向的工程教育新模式。促进医教协同,推进院校教育和毕业后教育紧密衔接,共建医学院和附属医院。深化农科教结合,协同推进学校与地方、院所、企业育人资源互动共享,建设农科教合作人才培养基地。深入推进法学教育和司法实践紧密结合,实施高校与法治实务部门交流"万人计划"。适应媒体深度融合和行业创新发展,深化宣传部门与高校共建新闻学院。完善高校与地方政府、中小学"三位一体"协同育人机制,创建国家教师教育创新实验区。深化科教结合,加强高校与各类科研院所协作,提高基础学科拔尖人才培养能力。2019 年 7 月,中央全面深化改革委员会审议通过了《国家产教融合建设试点实施方案》,该方案指出深化产教融合是助推教育优先发展的重要途径之一。目标直指高校与行业、企业、地方政府等之间的深度融合,进一步提升协同育人的质量。作为新时代大学生个体,该如何充分利用产教融合的大好局面,以期借此契机成为一名合格的"准劳动者",并在走出校园转向劳动者角色时实现无缝转换。

一、深入感知行业、企业文化与校园文化的差异

校园文化的熏陶会使不同学校毕业的大学生展现出不同的群体特征,企业文化会对新入职员工提出新的文化规范,二者之间存在本质上的差异。

大学生走入社会将会进入某个行业,成为某家企事业单位的一员。俗话说,"国有国法,家有家规",行业有行业标准和规范,企事业单位也都有自己的规章制度。大学的追求是勇于批判、追求真理、崇尚自由等,更多体现的是求学、做人的文化;企业则注重规则、讲求服从、鼓励竞争、关注细节等,更多体现的是做事的文化。"到什么山上,

唱什么歌"前提是上山之前会唱，否则上山之后就得现学。大学生在进入行业、企业之前，必须对异于校园求学、做人文化的做事文化稔熟于心，才能以最快的速度适应新的文化体系。

美国教育心理学家桑代克在实验基础上提出学习要遵循的三条重要的学习原则，分别是：准备律、练习律和效果律。

其中，准备律指学习者在学习开始时的预备定势。当某一刺激与某一反应准备联结时，给予联结就引起学习者的满意，反之就会引起烦恼。如果把大学生社会化作为学习内容的话，在个体走出校园之前是需要预备定势的。产教融合的培养体系为大学生同时提供校园和企业两种不同的生活和学习环境，一边是老师和同学，一边是领导和同事，同时呈现出截然不同的文化特征，为在校大学生提供了学校教育无法单方面实现，又是未来社会化必需的预备定势。

1.初步感知行业文化。行业文化包括物质文化、制度文化、行为文化和观念文化等不同层面，核心是行业精神。行业精神是一个行业在长期的发展实践中逐步提炼和培育形成，并为行业全体成员所认同的价值取向、理想信念、心理特征和精神风貌的总和。不同的行业，彰显不同的价值理念，比如石油行业价值理念是"爱国、创业、求实、奉献"，交通行业行业精神是"一不怕苦、二不怕死、顽强拼搏、甘当路石"，航天航空行业的精神是"热爱祖国、无私奉献、自力更生、艰苦奋斗、大力协同、勇于登攀"等。

大学生在进入社会之前，也会跟各行各业接触，比如金融行业、服务行业、医疗行业、教育行业，但都是以"被服务者"的身份。要在未来以"服务者"的身份成为某个行业的从业人员，有必要借产教融合提前感知行业精神。

2. 初步感知企业文化与校园文化的差异。大学校园文化是以育人为主要导向，以学生为主体，以校园为主要空间，以校园物质文化、制度文化、精神文化为建设内容的一种群体文化。它主要包括校园建筑设计、校园景观、绿化美化这种物化形态的内容，也包括学校的传统、校风、学风、人际关系、集体舆论、心理氛围以及学校的各种规章制度和学校成员在共同活动交往中形成的非明文规范的行为准则。校园文化以校园精神文明为主要特征。

企业文化既体现着某个行业的精神和文化特征，又表现为独特的文化体系。企业文化可以从广义和狭义两个层面进行理解：广义上认为企业文化是企业全体人员的文化素质和文化行为，包含企业文化建设中制度、规范、设施等要素；狭义上，企业文化是企业的一种基本精神，包含员工共有的价值观和行为准则。它主要由三个层次构成：企业物质文化、企业制度文化和企业精神文化。

3. 企业物质文化与校园物质文化。企业物质文化包括厂容、厂貌、机械设备，产品造型、外观、质量等。产教融合模式下，大学生要同时适应由教室、餐厅、宿舍、操场等组成的校园和由厂房、设备、产品组成的企业，环境的差异给大学生个体带来认知上的冲击，同时会在个体意识层面，比如责任感方面有所体现。

4.企业制度文化与校园制度文化。企业制度文化包括领导体制、人际关系以及各项规章制度和纪律等。企业制度文化是企业为实现自身目标对员工的行为给予限制的文化，它具有共性和强有力的行为规范的要求。企业制度的"规范性"是来自于员工自身以外的、带有强制性的约束，它规范着企业的每一个人，是一种约束企业和员工行为的规范文化，它使企业在复杂多变、竞争激烈经济环境中处于良好的状态，从而保证企业目标的实现。

校园制度文化不单纯是去确认已经存在的事实，而主要是调整现在和将来学校与学生之间、师生之间、教师之间、学生之间的各种关系，其重点不是针对过去，而是着眼未来。大学校园制度的重大特征就是确定师生员工的行为模式，同时规定某种行为后果，告诉人们哪些可以做，哪些必须做，哪些禁止做，这种行为规则体现着一种引导。如《校园文明规范》就是通过对文明行为的倡导和不文明行为的禁止来引导学生。校园群体中的成员来自四面八方，构成极为复杂，思想、性格、情趣、道德水平也表现得千差万别。为了使校园个体的思想观念融合于校园集体之中，以保证校园教学、管理、生活秩序的顺利进行，校园制度文化用简洁精练的语言对师生员工提出要求，发挥制约作用。

在制度文化方面，相对于大学着眼未来，企业更在意当下；企业带有强制性的约束，大学则体现着一种引导；企业在目标指向上更加具体，大学则相对虚化。大学生能够提前感知企业和大学之间在制度文化方面的诸多差异，将会大大降低正式入职企业之后的水土不服。

5. 企业精神文化与校园精神文化。企业精神文化称为"企业软文化"，是受到一定社会文化背景、意识形态的影响而长期形成的一种精神成果和文化观念，是企业文化的核心，包括各种行为规范、价值观念、企业的群体意识、职工素质和优良传统等。其中，企业的价值观居于核心地位，构成了企业文化的灵魂。企业价值观是指企业全体员工一致赞同的，与企业紧密联系的关于"对象对于主体来说是否有价值"的看法。因为是全体员工一致赞同的看法，所以又称为共同的价值观。

将企业价值观按照"外部适应"和"内部整合"两个概念框架进行区分。涉及外部适应的价值观一般包括：顾客因素、国家或政府、社区因素、供应链合作伙伴关系、与竞争对手的关系、与大自然的关系；涉及内部整合的因素包括：对个人道德水平和素质的期望，对成员能力、工作态度和工作作风等的期望，企业对内部人与人之间关系的规范等。在企业内部人际关系方面，一般包括上下级之间、同事之间、新进人员与老员工之间，甚至是男女同事之间。

校园精神文化是校园文化的核心和灵魂，指潜在于大学内部的属于意识形态的那部分价值体系或教育观念，精神氛围等。包括大学的理想追求、精神境界、价值目标、人际关系和学校的校风教风学风、办学理念等，以及学校校训、校歌、校徽等。它会通过各种载体以多种形式将社会所倡导的价值观念、道德规范和行为准则，以启迪、熏陶、感化和塑造等方式潜移默化地引导和规范学生的思想行为，帮助大学生树立坚定的共产主义理想和信念，树立科学的世界观和正确的人生观、价值观，养成良好的道德品质和文明行为。

在精神文化层面，企业涉及社会因素较广，大学则相对单一；企业价值观的认同依赖企业利益共同体，大学则与利益无关，主要依靠潜移默化的方式；企业价值观念带有明显的企业家的人格化，大学则不因领导的更替而变化；企业在人际关系方面更注重上下级关系，大学在同事关系、师生关系、同学关系上更讲究平等。个体经历了解、领悟、内化之后才能将精神文化从接触表层到心灵契合，才能内化于心，产教融合恰恰为在校大学生提供了接触表层企业精神文化的机会，有利于大学生进入社会后更快地与企业精神达到心灵契合。

二、学习行业劳动技能

产教融合是新时代大学生培养劳动技能的必然趋势。在当前大学"学科主导型"人才培养模式下，大学生学习仅限于教室和实验室而缺乏真实或接近真实的应用环境，学习内容上仍强调理论基础，学习评价上仍强调学生对学科知识体系掌握的完整性和系统性。这种组织模式因学科定势而形成自我封闭的边界，与产业需求之间形成了一定的隔阂。相比而言，德国应用型人才培养之所以成功，很大程度上是由于国家为高校提供了相应的资源和平台，在教学内容上注重与产业部门相关的实践知识，在教学空间安排上通过在合作企业设立实践基地使学生获得真实或接近真实的应用环境。

应用型人才培养必须对接行业产业需求，对接岗位要求的相应标准（根据产业链分工的不同），因此其专业设置首先要考虑的是社会实际需要，而并非学科体系的完备。当前，由于新知识和新技术不断涌现，产业发展呈现出集聚化、集成化的趋势，新兴产业不断涌现。同时，由于互联网技术的快速发展，推动了产业链与创新链的深度融合，科学研究、技术开发和产业化之间的边界日趋模糊，例如当前机械制造向智能制造的转变就反映了这种趋势。这场新的产业革命迫切要求新时代大学生必须建立专业集群的思维，跳出传统的专业培养模式，打破"学科逻辑"，广泛涉猎与产业聚集相关的专业知识，才能培养出符合新时代的专业劳动能力。

通过产教融合学习劳动技能有多种途径。校企合作的方式有共建专业、共编教材、共设工学结合一体化课程及联合搭建实践平台等，合作的层次有高校与企业、专业与企业、班级与企业等，大学生需要借助不同的形式亲身见证、感知产业最新发展态势，既可以有效地解决"纸上谈兵"的困境，又解决了大学培养的人才与产业、企业发展需求不相符的问题。通过产教协同育人，能够真正实现教育与生产活动相结合，从而达到劳动教育的根本目的。

充分利用现场教学。在专业知识学习的同时，主动把课堂延伸到博物馆、大型展会和企业现场等，能弥补传统课堂的枯燥单一，增加感性认识，建立教育与生产活动相结合的初步认识。

借助现代化信息手段增加学习灵活性。通过慕课（MOOC）、私播课（SPOC）等在线教学形式，开展"线上＋线下"的混合式学习。理论知识的学习以线上为主，实践案例的研讨以线下为主。在线下讨论阶段，需要主动搜集实践案例，充分利用小组互助讨论，积极配合教师课堂教学。充分利用现代化信息手段，能够解决传统学习方式不灵活、理论与实践结合弱、实践案例接触少、与教师互动效果差、团队合作不足等问题，提高"理论＋实践"学习效果。

积极参与教师与企业的科研合作。积极参与校企合作科研项目，比如各级各类大学生创新训练项目，各级各类大学生课外学术科技作品竞赛等。大学生参与校企合作科研项目受益颇多：一是能够检验理论知识学习的程度；二是巩固理论知识学习的成效；三是建立理论和实践问题的联结；四是发现理论学习方面的不足与缺陷。校企合作研究项目源于实践，又回到实践，是提升产业创新能力的重要途径之一。

　　将产业先进技术融入专业教学和日常生活。企业往往比大学更早应用产业先进技术，二者之间的联系合作，将有效弥补大学在先进技术条件方面的劣势，有利于大学生尽早接触产业先进技术，站在科技时代的前沿，紧跟社会发展节奏，缩短理论到实践的距离，将企业运行中发现的问题尽可能解决在大学校内，进而促进企业技术的进步，提升企业的核心竞争能力。

第五章

用志愿服务涵养劳动教育境界

2020 年 3 月 20 日，中共中央、国务院印发《关于全面加强新时代大中小学劳动教育的意见》。《意见》以"培育时代新人"为旨向，以"报效国家、奉献社会"为落脚点，明确了新时代要推动劳动教育与志愿服务相结合，并要求当代青年大学生广泛参与志愿服务等劳动实践。新时代推动志愿服务与劳动教育相融合，有助于青年大学生激发劳动情怀、培育责任意识、增强奉献精神，实现劳动教育的最高境界。

第一节　在志愿服务中激发劳动情怀

志愿服务作为劳动教育的一环，是大学生深入社会、进行实践的一堂重要"必修课"。

一、常怀仁心，关心留守儿童

"仁"的思想是中华优秀传统文化的核心，最早可以追溯至两千多年前的孔孟时期，至今历久弥新。孔子明确提到仁就是"爱人"。孟子曰"仁者爱人"，他们都强调仁是要尊重他人、关爱他人的一种道德情感，从而奠定了中国道德文化中的利他主义价值导向。这种利他主义价值观超越地域血缘关系的局限，是发自内心的对他人的一种喜欢、需要、关心和爱护的情感，在今天，对于大学生在志愿服务中树立正确的劳动观仍具有重要意义。而通过关心留守儿童，实现脑力劳动与体力劳动的结合，有助于进一步激发大学生的劳动情怀。

陈晨就用她的实际行动书写了青春的风采。2014年，刚上大四，已有保研资格的陈晨决定推迟读研计划，报名参加了西部计划研究生支教团，并被选为团长。她带领队员们到贵州省镇宁布依族苗族自治县的山区小学支教。初到这里，陈晨发现这里的教学设施十分简陋，很多该有的课程几乎都是空白，孩子们羞涩、单纯，对外边的世界充满渴望。当即，她表示，不能改变大山的阻隔，但一定要使孩子们把握自己的梦想。陈晨决定，为孩子们开设"第二课堂"，如"创艺家"手工课程，通过制作手工艺品，再进行义卖的方式，让孩子们重拾了对生活的信心；打造了科普实验室，通过为孩子们讲述科普知识，打开了他们认识世界的精神大门……所有的一切都为留守儿童们的天空增添了色彩，帮助他们树立了人生理想。孩子们说："陈老师，我要上大学，以后也要像您一样，回来帮助更多的人。"这些话也一直激励着陈晨，在返回校园后，她也一直牵挂着山区的孩子们，并建立了全国首个公益平台"益基站"。陈晨表示，她将会一直把这种无私奉献、关爱他人的行动保持下去。从陈晨身上，我们看到了90后大学生强烈的仁爱之心。作为新时代的大学生，我们也当如此，积极参加志愿服务，用自己的实际行动，激发劳动使人使己感受到幸福的精神。

积极沟通，奉献爱心。大学生应正确看待部分留守儿童情感存在缺失、认知存在偏差、心理存在障碍、学习动力不足等现象，并针对自身和农村留守儿童的实际情况，参加学校志愿者团体或者社会组织的志愿者队伍招募，充分发挥自己的年龄优势。依据自己前期所掌握的情况，通过QQ、微信、短信、电话以及信函的方式，积极与农村地区的留守儿童取得联系。在建立联系后，初步对农村留守儿童的情感、认知、心理以及学习情况有所掌握，并耐心地给予引导和指导。通过长期的交流互动，大学生自身正确的价值观、人生观潜移默化地影响着留守儿童。在此过程中，大学生志愿者可以进一步体会到"成人之美"也是"成己之美"。

真诚互动，主动关心。大学生志愿者与留守儿童通过不断的沟通交流，双方的感情也日益加深，以至于无话不谈。留守儿童一旦在认知、心理和学习上有什么疑难问题，都会第一时间寻求大学生志愿者的帮助。这个阶段，实际上，双方已经成为了朋友，大学生志愿者也因此成为了农村留守儿童生活和学习上的引路人。因此，大学生志愿者可以利用寒暑假及一些空余时间，有组织地深入到农村地区，与留守儿童见面。可以采取辅导功课、畅谈人生以及做游戏的方式，逐步加深彼此的了解。通过双方的情感互动，大学生志愿者可以亲耳聆听留守儿童对未来的希冀和渴望，亲身感受他们的困惑与迷茫，相比于课堂上所学到的或者从网络上、新闻上所了解到的，这种实际经历对于大学生志愿者的触动更为持久，也因此更有动力去关心这些弟弟妹妹们。

感受校园，践行仁心。很多留守儿童因为父母长期不在身边，在成才之路上得不到正确的引导。因此很容易导致心理出现问题，产生不良嗜好，从而被迫早早放弃学业。为了使留守儿童生活充满信心，充满阳光，大学生志愿者可以利用校园举办的一些节日活动、带领留守儿童走入校园，开阔他们的视野，让他们感受到大学多姿多彩的魅力，从而激发他们的求学欲、求知欲，点燃内心向上的火苗。大学生志愿者也会在自觉践行仁心的过程中由原来的自爱逐渐学会关爱他人，劳动情怀也会得到极大的培养。

二、坚守孝道，关爱空巢老人

中华民族是重视孝道的民族，"百善孝为先"，这是中国传统优秀文化的显著特征。新时代的青年大学生由于从小处于独生子女的成长环境，孝亲情感缺失，劳动观念淡薄。大学生志愿关爱空巢老人，拓展孝道文化育情的视野，潜移默化中不断激发大学生的劳动情怀。

就读于武汉职业技术学院商学院国贸专业的张华琼，来自于湖北恩施州的一个偏远山村。她热情开朗，散发着青春的风姿。由于自小父母长期在地里劳作，很少有时间陪伴她，因此，生活使她学会了自立自强，并深刻理解父母的付出。在张华琼上初中的时候，她看到村子里的空巢老人越来越多，且村支书、村长文化水平不高，处理村中各种事物总是力不从心。于是，张华琼每次在上学之余，都会到空巢老人家中打扫卫生，陪他们唠嗑解闷。每到春节，她还会帮老人们置办年货，为他们送去春联、贴春联。2016年，张华琼步入大学校园，在课余时间，她依旧践行初心，力所能及地关爱社区空巢老人。通过走访学校周边社区，及时了解老人们的基本情况，为老人们读报、陪他们聊天，并在老人们生日之际，为他们准备贺卡及一些小礼物。张华琼的行为看似普通，然而却并不普通。也正是在这样的行为中，她明白了劳动能创造美好生活，劳动能带来幸福。对于我们的大学生而言，也应该力所能及地关爱空巢老人，坚守孝道。

定期走访，培育孝心。在关爱空巢老人之前，大学生志愿者应深入社区进行走访调查，亲自感受到空巢老人的生活状况以及情感需求，掌握关于空巢老人情况的一手信息。这样一来，一方面大学生志愿者可以感同深受地体会到空巢老人的生活境遇，从而设身处地地为他们考虑，拉近彼此的距离；另一方面，走访、调查的过程也意味着要付出辛勤的劳动，从而在内心坚定劳动是奉献爱心的最好形式，并为后续开展有针对性的关爱活动奠定了思想基础。

无私奉献，践行孝道。子女们因为工作、生活等原因，长期工作、生活在外地，加之自身年龄上的原因，一些空巢老人内心孤独，渴望精神慰藉。大学生志愿者应组织成立若干志愿服务小队，依据空巢老人的基本情况，在充分了解他们的需求之后，开展相应服务。针对内心孤独、精神上需要慰藉的空巢老人，大学生志愿者应结合自身实际，尽量定期给空巢老人一次问候探望，及时了解和解决他们的需求，陪他们外出散步、聊天解闷，同时还可以带着他们去看文艺演出或参加文体活动，从而使老人们能多与外界接触，以消除他们的孤闭心理。针对行动不便、生活上需要照顾的空巢老人，大学生志愿者们可以定期在老人们家中举办家庭聚餐，并为他们采购日常生活所需物品，帮助他们打扫卫生、洗衣做饭、理发服务等，营造良好的生活氛围，从而使老人们在其乐融融的家庭氛围中感受到幸福。针对体弱多病的空巢老人，大学生志愿者一方面可以联系社区卫生服务中心，为老人们做体检，为他们送医送药；另一方面可以陪同老人们到医院进行定期检查，及时了解身体状况，保障他们的身心健康。大学生志愿者在全方位服务空巢老人的孝亲实践中，逐渐了解和感受到孝道内涵，体会到父母多年的辛勤付出及养育之恩，从而不断提升自身的劳动意识。

三、践行善举，帮助残障人士

善，美好、吉祥之意。孔子说"择其善者而从之，其不善者而改之"，就是要劝人从善。善，是中华民族的传统美德，也是当代青年大学生应有的最基本的道德品质。当前，面对人们价值取向和道德判断的多元化，在人们需要帮助时，一些人冷漠的表现，令我们不得不反思。而当代青年大学生，肩负着时代的责任与使命，必须要有一颗善良的心，要有悲天悯人的情怀。

邓博文用他自身的例子为我们上了很好的一课。2001年，刚考上湖南科技大学的邓博文，在入学之前的暑假，陪着姑姑一起到上海游玩。期间，他连着几天在街头看到一个残疾人坐在地上卖唱，旁边还坐着一个孩子。邓博文的内心被触动了，每次都会递上20元钱。从此开始了他长达十年的柔情牵绊。正式进入大学校园后，邓博文在学习之余还做一些兼职。在同那对残疾人父子取得联系后，亲自为他们递上1000元钱。后来，他又主动联系学校，帮助孩子顺利入学，并为他辅导功课。2010年的时候，当这个孩子进入到高考冲刺阶段时，孩子的父亲得了脑溢血，急需做手术，邓博文又不辞辛劳，想方设法凑够了5万块钱。当家里边开始催婚的时候，为了能进一步帮助这对父子一家，邓博文又将自己的人生幸福置于脑后，他表示，不求自己的女友多么富贵或者美貌，但她一定要有善心。如果连残疾人群体都不愿意照顾，那么自己简简单单一人就挺好。从邓博文的事迹中，我们汲取到力量，应积极参加志愿服务，帮助残障人士，践行善举。

　　亲力亲为，发扬善心。对残障人士的关爱不同于其他社会群体，因此，必要的准备工作一定要做好做足。因此大学生在关爱他们之前，可借助于志愿服务组织，以小队的形式深入社区开展残障人士基本情况调研，并为他们建立档案。针对残障人士的不同情况，开展有针对性的善举，对于行动不便的，志愿者们可以定期上门帮助打扫卫生，帮助他们到室外活动，与他们聊天，缓解他们的孤独和自闭；对于听觉有障碍的，志愿者可主动用手语与之交流，每周看望他们一次，定期回访，为他们读书阅报，帮助其了解社会，这些都是大学生志愿者善心的传递和善情的表现。

情感关注，凝聚善意。残疾人群体因为各种原因，导致他们与他人与社会接触较少，精神上容易空虚寂寞且产生自卑心理，针对这一特点，青年大学生志愿者应进行心理学方面知识的培训，通过聊天、慰问等方式开导、排遣他们内心的孤独和无助，点燃他们对生活的信心与希望。同时，大学生志愿者要充分重视节假日残疾人的情感和心理需求，主动上门表演各种节目，陪他们过节，使他们感受到社会中有人在关心关爱着他们。志愿者持续的情感关注，凝聚善意的志愿服务，会使大学生内心中的善意逐步沉淀升华。通过与服务活动的结合，这种善意也逐渐体现为一种爱劳动、肯劳动，在劳动中奉献爱心，提升自己的理念。

引导帮助，践行善举。每一个残障孩子，都是折翼的天使，都是祖国的花朵。他们遭受着命运的不公，但他们也有享受美好生活的权利。因此，一些特殊教育的大学生志愿者可以积极地采取措施帮助这些孩子们进行康复训练，使他们能够坚定对未来生活的向往。对于肢体残疾的孩子，大学生志愿者首先可帮助他们进行一些无障碍设施训练，同时运用英雄人物的事迹重建他们的自信心，坚定其生活态度。对于聋哑孩子，可以帮助他们进行一些语言和交往能力训练，从而促使他们能够用一定的语言来表达自己的愿望和要求。对于自闭症的孩子，我们大学生志愿者应循循善诱，耐心与之沟通，通过做游戏等方式来建立双方的信任，进而帮助他们走出困境。在帮助残障人士、践行善举的志愿服务中，我们大学生会体验到被需要的幸福，会懂得奉献和责任，会更加自觉践行善举。

第二节　在志愿服务中培育责任意识

古人云"先天下之忧而忧，后天下之乐而乐"，体现的就是一种责任意识，而志愿服务作为劳动的一种载体，则是培育责任意识的重要途径。因为志愿服务不是走形式、做样子，要让每一项服务都能深入人心，使人们感受到温暖，责任意识必不可少。新冠肺炎疫情发生以来，在众多奋战一线的"逆行者"中，活跃着一批大学生志愿者群体。徐杰，北京化工大学化学学院 2017 级的一名硕士研究生，家在湖北省黄冈市浠水县徐家坳村，在疫情爆发的一刻，主动向村支书请缨加入村内的防控工作。对此，他说，作为一名共产党员，没有理由袖手旁观。在战"疫"的关键时期，像徐杰这样的大学生志愿者们身体力行地为防控工作作出了很多贡献，生动地展现出当代青年应有的责任意识和担当。

一、端正志愿动机，举足轻重

歌德曾说过："人类的创作犹如自然的创作一样，真正地说起来，值得注意的主要是动机"。在日常生活、工作或学习当中，当人们选择做一件事之前，总会有这样那样的动机。

比如，对待学习，有的人出于求知的动机，有的人出于升学就业的动机。而当人们选择参加志愿服务之时，也会面临动机上的抉择。有的人是为了回报社会、获得心灵满足，进而实现自身价值；而有的人则是为了增加自己日后在社会上就业找工作的筹码。我们说，通过志愿服务，体现出的志愿精神，最突出的品质就是利他性，也就是不计回报、不计个人得失，完完全全为了他人的幸福而着想。因此，较之后一种动机，前者则是纯粹的、真正的志愿服务。

在志愿服务活动中，我们大学生端正志愿动机，对于提升志愿服务效果、培育自身的责任意识是至关重要的。我们应该问自己，为什么要参加志愿服务？是为了对这个社会有所回报吗？还是为了结交志同道合的朋友，在实践中学习，共同进步？搞清楚这个问题，有利于进一步凝聚志愿者之力量。因为，如果完全是出于利己性的动机，那么在志愿服务中，一旦自身的需要没有被满足或者得到的比付出的少，就很容易心生怨言，"半途而废"，脱离志愿者队伍。

青年大学生志愿者郭斯贤就是端正了志愿动机，从而义无反顾地投身于志愿服务活动中，进而深刻意识到当代青年应该肩负的责任。4年前，正值高中时代的郭斯贤有着一个看似平凡但却高尚的想法——去西部种树。正是因为这个纯粹的动机促使他高考填报志愿时选择了林业专业，并在大学毕业后选择踏上宁夏盐池的列车，从而如愿以偿地成为了一名光荣的西部志愿者。盐池县有一个天使特殊教育中心，里边有一群留守儿童，他们的父母外出打工长期不在身边，只能跟着爷爷奶奶、姥姥姥爷住，很多孩子自闭、手脚不便、生活不能自理。在3年的志愿服务生涯里，郭斯贤都会准时来到这里为孩子们辅导功课、和他们做游戏。渐渐地，孩子们脸上的笑容多了，也越发开朗了。郭斯贤由衷地感受到"被需要是一种幸福"，也体会到青年身上应尽的责任，这是他通过做志愿服务进而深刻理解到的。在结束志愿服务后，郭斯贤依依不舍，激动地表示，无论以后走到哪里，无论时间怎样变，他都会将这种责任尽到底。

在郭斯贤的身上可以看到，一个良好的动机对于培育责任意识的重要性。我们大学生参加志愿服务，首先要端正志愿动机，才能在志愿服务中真正地感受以他人快乐为快乐。良好的志愿动机不仅可以保证志愿服务的效果和持久性，同时还能进一步夯实我们的责任意识，提高志愿服务能力。端正志愿动机，不是随口说说，需要我们大学生不断地"拷问"自己的内心，不断审视自己。

二、加强培训，提高志愿服务能力

志愿培训是志愿服务活动中的重要一环。像农村支教、关爱空巢老人、应对类似于"新冠肺炎"的重大突发公共卫生事件及一些大型活动等志愿服务，都需要我们接受相关培训。接受培训一方面是为了提升我们的服务水平；另一方面可以提高我们的综合素质，比如心理素质、抗压能力、人际交往能力等，进而不断完善专业知识和服务技能，培育我们的责任意识。

2018 年，南京医科大学逸夫医院举办了一次针对医院志愿者的培训会，来自江苏经贸学院的 180 余名大学生参加了这次会议。这次培训会围绕着医院的基本情况、医院志愿者的基本素质、服务内容、服务礼仪等几个方面着重展开，使志愿者们对医院有了清晰的认识，对如何展开服务有了更为清晰的了解。对于此次培训，来自经贸学院的一名大一新生感触良多。他表示，通过接受志愿培训，明白了哪些话不能说，哪些事儿不能做，当在服务过程中，遇到困难时如何采取更好的方法解决问题，因此使他明白一个志愿者该有的责任和担当。

接受志愿培训一方面可以使我们熟悉服务流程，另一方面可以将责任意识融入我们的内心，从而在志愿服务中，时时刻刻牢记自己身上肩负的责任，并将这种责任通过行动表现出来。2020 年，注定要在人们内心中留下伤痛的记忆。一场没有硝烟、抗击"新冠肺炎"的战役正在打响。战"疫"之心不论你我，大家同仇敌忾。就读于黄河交通学院经济管理学院的大二学生郭倩，面对疫情，积极响应号召，放弃安逸的假期生活，毅然主动报名参加了"疫情防控自卫队"，为打赢疫情防控阻击战贡献青春力量。通过接受培训，郭倩明白了志愿者的工作内容以及深知作为一名新时代大学生肩负的责任和使命。正式加入志愿者队伍后，郭倩每天都会在疫情防控卡点值班，登记进出人员、车辆信息，测量体温，做好群众的"守护员"。同时，她还积极担负起购买和运送日常食材的任务，充分保证了每家每户的物资供给。此外，郭倩还参与到村内的卫生消毒工作中来，有效遏制了疫情的蔓延，成为该镇抗击疫情的"最美志愿者"。郭倩说，她只想贡献一下自己的微薄之力。"哪有什么岁月静好，只不过是有人替你负重前行！"

实际上，我们大学生在做志愿者之时，都应接受相应的培训。接受培训意味着我们能游刃有余地做好工作，而不至于手忙脚乱；避免在志愿服务中因为困难出现的消极怠工现象。因此，我们需要切实根据自己的兴趣，寻找符合自己专业技能的组织或活动，一旦确定，就需要参加规范化的专业指导。这对于我们接下来的志愿工作是非常有必要的。

三、进行反思总结，不断改进志愿服务效果

在志愿服务中融入劳动教育，树立劳动光荣理念，进而培育责任意识，提升志愿服务的效果，需要我们大学生不断地作出总结反思。中国古代儒家就提倡每天都要"三省吾身"，这就说明每个人对己对事都要具备反思总结的意识，它是实现人与人和谐和人与社会和谐的基础。个人通过反思总结一方面可以强化处世态度，促进我们自身的发展；另一方面也体现着我们对社会的关怀。而这与志愿服务所提倡的精神正是相融不悖的。

首先，我们应该随时随地地进行反思总结。很多时候，在面临困难之际，我们会产生心理动摇。这时，我们就应该及时地作出反思总结，避免情绪化，把握自己的内心，进而才能践行初衷。在范亚菠身上，我们就看到了这样的品质。2013年，刚大学毕业的范亚菠，满怀青春热血，踏上前往服务北屯的征途。当看到列车窗外一望无际的戈壁时，范亚菠的内心惴惴不安。初到北屯，简陋的工作环境让他的情绪变得极为失落。而后几个月里，生活上的不便、微薄的补贴开始动摇他的内心。每当这时，范亚菠都会反思总结，告诉自己要有始有终，要有责任意识，既然签了协议，就不能当一个逃兵。正是在这样的反思总结中，范亚菠逐渐改变了对北屯的看法。当看到五湖四海的志愿者们为了理想来到这里，贡献自己的青春，同事们也在生活上给予他莫大的关心和支持，他从内心里就坚定了"要留下来"的信念。如今，范亚菠已然选择扎根在祖国边疆。范亚菠用他的亲身例子告诉我们反思的重要性。试想，如果当时他没有冷静下来，而是抱怨，那么也不可能体现出他的责任心。

另外，我们还要对志愿服务的效果进行反思总结。通过对志愿服务的效果进行反思总结，我们能不断地增强责任意识，进而开展随后的志愿服务工作。薛文文的事迹就是一个生动的例子。2019年，刚从石河子大学毕业的他，来到红山街道办事处参加志愿服务。时至春节，薛文文本打算多陪陪家人，然而疫情形势严峻，就在农历大年初二，踏上了返回石河子的列车，投入到社区疫情防控的工作中去。在防疫的46 天里，薛文文早出晚归，挨家挨户摸排、卡点值班、发放消毒液……。事后，薛文文反思总结道："即使再苦再累也值得，做好基础工作就是要全心全意为人民服务。"

薛文文的例子不在少数，作为大学生，我们要学习他身上的这种精神，要勇于实践，通过反思总结，感受到来自他人和社会的需要，从而体会到自己身上所肩负的责任，并不断地尽职尽责，以至于历练自我品格、提升自我能力。

四、做好志愿宣传，义不容辞

参加志愿服务活动，是提高我们大学生责任意识的一项重要途径。同时，我们还要做好志愿宣传，使更多的人感受到志愿服务工作的独特文化。这样一方面可以提升志愿者服务组织的凝聚力，另一方面还可展现出志愿服务的精神魅力，从而鼓励更多的有志之士加入到志愿者这个大家庭中来。那么，在实际宣传过程中，我们需要不断学习专业知识技能，同时准确把握服务对象的需求，掌握一手资料，广泛利用微信、微博等公众平台，宣传志愿服务中的闪光点，进而形成良好的氛围，这也是体现我们责任意识的一个重要表现。

王万奇的事例就是一个很好的证明。2008 年的汶川大地震，王万奇连夜奋笔写下《告全体师生书》，呼吁大家一起献爱心，最终筹得善款 6 万余元。步入大学校园后，他加入到学生志愿者组织，并坚持向贫困地区的孩子捐资助学。大学毕业后，王万奇放弃高薪工作，也推迟了研究生学业，毅然决然地奔赴富川县支教。一年时间，他同其他支教团成员累计家访 60 余次，行程逾 1200 余公里。2014 年末，在王万奇的倡导下，支教团利用微博、微信发起了"关爱富川留守儿童微公益"系列行动，先后组织策划了蜜桔义卖、暖冬行动、圆蛋计划、圆梦"六一"等公益项目。这些项目吸引了来自全国 21 个省市 1200 多位爱心人士的关注，最终共筹集善款 26 万余元。2015 年 9 月，王万奇回到学校继续读研，但他心中却一直放不下那些贫困地区的孩子们。为了延续自己的西部情怀，他积极宣传，筹集善款 10 万余元，对接 5 个国家级贫困县的多所小学，捐赠图书 5300 余册、图书架 26 个，资助贫困留守儿童 12 名，努力为留守儿童创造温馨成长环境。

王万奇的事迹展现出当代大学生的责任与担当，在志愿服务的道路上没有终点，青春责任的心永远不老。当代大学生作为不可忽视的青年群体，承载着社会发展与进步的重任。大学生通过积极参与志愿者活动并做好宣传，能够坚定助人为乐的信念，诠释志愿者精神，从而自觉承担起社会责任。对此，大学生志愿者一方面可以就自己的或他人志愿事迹中的闪光点，利用微信公众号、微博等集群性平台进行发布，让更多的人受到精神上的感染；另一方面还可以建立志愿服务微信群，通过事迹感染吸引更多的大学生群体，并通过竞选产生相应职务，制定志愿群规，定期进行活动宣传。同时，当有人获取到新的志愿服务活动或者需要援助时，可通过群发布信息，使大学生们都能及时了解并加入到服务行动中来。在此过程中，通过个人力量，逐步形成集群效应，促使更多的人进行志愿宣传，不断培育了大家的责任意识。

第三节　在志愿服务中增强奉献精神

中华民族自古以来就是具有伟大奉献精神的民族。"春蚕到死丝方尽，蜡炬成灰泪始干"。李商隐的这一千古名句，正是对奉献精神的真实写照。在志愿者服务活动中，奉献精神是志愿者自主和自愿为了维护他人和社会福祉付出时间、精力、知识甚至金钱，并且在志愿服务劳动中实现个人价值的一种无私奉献精神。作为青年大学生的我们，不仅要学习志愿者们在志愿服务活动中所传递出来的这种无私奉献精神，更应该以他们为学习榜样，继承并弘扬这种奉献精神，从而更好地投身于志愿服务活动中来。

一、端正态度，树立奉献意识

送人玫瑰，手有余香。青年大学生在参加志愿劳动服务活动中，要树立正确的态度。诚然，志愿者服务活动本身是劳动的一种形式。只是这种劳动不可能敲锣打鼓、轻轻松松地完成，它需要我们自己付出汗水去完成，其中的辛苦不言而喻。因此我们需要有良好的奉献意识，不怕苦与累，才有可能坚持下去，才能在劳动过程中获得快乐。

当今我们的青年大学生生活在物质丰足的时代，享受更好的生活和学习条件，但与此同时，我们的思想意识逐渐贫乏。参加志愿服务劳动，不仅可以弥补我们精神上的空缺，而且会让我们收获个人价值。不过在志愿者劳动过程中，青年大学生首先要树立正确的劳动观念，具有乐于奉献的意识，从而在今后的工作劳动中不断坚定自己的个人意志并长久坚持下去。

大学生村官王东海就是这样的一个代表。2009 年夏天，中南民族大学民族学专业毕业生王东海就是在看到学校悬挂的"到西部去！""到最艰苦的地方去！""到祖国最需要的地方去！"这些宣传标语，萌生了到西藏工作的念头，从此开启了他的村官之路。带着满腔的憧憬，王东海从江城武汉来到了平均海拔 4100 米的日喀则市仁布县帕当乡切村。在这个一天只有 2 小时的水电供应，没有网络，也没有手机信号，上交的工作材料和简报都要靠手写的贫困小山村，他也曾徘徊过。但是面对村民的殷切希望，回想自己曾经的豪言壮志，他作出了一个艰难而坚决的决定："留下来，为老百姓干点事儿！"正是这种甘心奉献的想法，才使他在如此艰苦的条件下坚持下来，并用自己所学带领当地的百姓走出贫困。这也正像他自己所说："人生的理想只有在奉献中才能实现。干事创业不能总待在办公室里，要拿出实际行动来，干些对群众有益的事。"

时有所需，必有所为。面对疫情，刚步入大学校园的

"00后"青年詹泽鹏就展现了自己的主动担当与奉献意识，从2月9日开始到社区一线做疫情防控志愿者。正是因为"哪里需要我，我就去哪里"这种奉献意识，让他在这次特殊的劳动中体会到劳动和奉献带给他别样的人生意义。因此结束了在社区的志愿者服务工作后，詹泽鹏又来到共青团南宁市委员会青年志愿者部实习，继续参与组织、策划志愿服务活动。他说："社区工作也许很平凡，但平凡的工作也能出彩。这让我坚定了信心，要成为一个对国家、对社会有用的人。只要国家有需要，我们青年人义不容辞。"其实在这一场没有旁观者的全民行动中，随处可见新时代青年志愿者的身影，给人们带去温暖和希望的同时，也给大学生们上了一堂生动的"人生课"。

当然在志愿劳动过程中，青年大学生无论何时何地都应该有良好的动机，只有这样才能有良好的行为。如果一个志愿者动机不纯，带着功利性的目的去参加志愿服务，那么，他就不具有真正的奉献精神。因为，奉献精神作为一种精神形式，在这种形式中，个体对其内在自由和道德要求是不具有功利性的，不寻求个人奖励，并通过有意识地为社会服务和贡献，促进社会发展和人类进步。志愿者自愿参加志愿服务劳动不仅有利于个人自身能力的发展，也有利于志愿者道德素质的全面提升。因此，大学生应该端正自己的态度，毫无保留、不求回报地向需要帮助的人伸出热情的双手。只有这样，我们才能在奉献的同时收获精神上的愉悦与满足，在辛苦劳动中磨炼自己的意志。

二、榜样示范，激发奉献精神

榜样是看得见的哲理。好的榜样可以起到春风化雨、润物无声的效果。好的榜样，是最好的引导；好的楷模，是最好的说服。列宁曾经说过："榜样的力量是无穷的。"当代青年大学生开展志愿服务活动离不开榜样的力量，为自己树立什么样的模范，就明确了什么样的标准；树立什么样的榜样，就体现什么样的导向。身教重于言传，具体强于抽象，把实践活动抽象的标准转化为具象的样本，把实践活动的要求和对自己的目标人格化、形象化、具体化，大家可以对照榜样找差距、找不足、找方向，学习他们的无私奉献精神、艰苦奋斗精神，从而更好地激发自己。

我们都知道，今年的新冠肺炎疫情对全国人民来说是一场特殊的"大考"，各行各业都在为打赢这场"战疫"而不懈努力。当然在这次"考试"中，我们的青年大学生志愿者们也同样用自己所学的知识与本领贡献出自己的一份力量。其中有这样一位女大学生用自己的实际行动向我们诠释了奉献精神是什么。她就是嘉兴学院南湖学院 2019 级护理专业毕业生——罗雯。疫情期间，罗雯的主要任务就是不管刮风下雨都站在四川大学华西医院眉山医院的车辆入口处，严格对每一个进入医院的人进行预检分诊、测量体温、询问流行病学史，这其实是医院的第一道防线。因为每天来医院的车辆数以千计，罗雯和医院的工作人员常常一站就是 5 个小时，一直询问，还不能喝水，因为上厕所会浪费防护服。在和医院门口的保安交谈时她这样说："让我捐钱捐物资不行，我又没什么财力，但是作为医学生，国家培养我这么多年，这个时候就该去尽一分力。"当然支撑她长久坚持下去的原因是她想起之前一位老师说过的话，你需要"多一分不为什么的坚持"。

还有成都体育学院英语专业大四学生钟珊。因为身患残疾腿脚不便，无法出门做志愿服务。2 月初，依托成都翻译协会，她找到了用武之地：每天从事疫情方面的涉外宣传、涉外医学资料、涉外人员对接中英翻译、校对工作。当然，在疫情期间像罗雯和钟珊这样进行志愿服务的青年大学生还有很多，她们都是在用自己的实际行动为国家、社会和人民做出自己的贡献。其实无论是何种形式的志愿活动，都值得我们认可。

一个有希望的民族不能没有英雄，一个有前途的国家不能没有先锋。面临风险与挑战的时候，一个民族、一个国家能否涌现出真正的英雄与先锋，反映着这个民族和国家的韧劲与力量。在疫情严峻的关键时刻，无数平凡的人勇敢地站了出来，践行着不计得失、不慕名利的奉献精神。每一个志愿者都是不平凡的英雄，他们是我们今后学习的榜样，是我们志愿服务的动力，更是值得整个社会铭记与致敬的先锋。作为青年一代的我们，更需要通过榜样的事迹勉励自己，哪怕不能做到像他们那样做出很多贡献，但至少，我们现在应该体会劳动的辛苦，激发我们对于劳动的热爱从而学会劳动。我们有过劳动的体验，了解劳动的艰辛之后，才更加懂得珍惜，懂得替他人着想，更有可能养成勤俭、节约、朴实、善良、有爱心、乐于奉献等良好品质，最后会产生对志愿服务活动的向往。

三、知行统一，践行奉献精神

"知是行之始，行是知之成"。道德认知最终要落实到道德实践，道德教育才是有意义的。要在深刻认识国情、世情的基础上，紧跟国家和社会发展需要，将大学生志愿服务实践和行动开展到祖国和人民最需要、最艰苦的基层和一线去，为群众送去温暖。要有针对性地设计志愿服务方案，在践行奉献精神的同时，为国家社会发展助力。"纸上得来终觉浅，绝知此事要躬行"，青年大学生只有在实际的劳动过程中才能把这种奉献精神转化为自己行动的力量，同时获得自己的人生价值。践行奉献精神，不能停留在口头上，要求我们学会敢于担当，勇于实践。

近年来，在国家政策的大力支持下，每年大学生支教成为其中一道亮丽的风景线。无数青年大学生毕业后决定到贫困边远山区去，只因为那里有一群群可爱的孩子，一双双渴望的眼睛。河北大学支教团就是这样一群人，15 年来，在海拔高达 3000 米的青海省共和县江西沟这样一个藏区小镇上，先后有 51 名大四毕业生来到这里支教。他们克服高原反应、饮食、语言等种种困难，让希望的种子在学生心中萌芽，用青春浇灌这片高原格桑花。这中间就有特别的两位，让我们看到支教大学生们用实际行动展现的爱与奉献。索南项秀就是其中特殊的一位。说她特殊，不仅因为她是支教团的一员，而且曾经接受过往届支教团成员的帮助。正因为支教团为这里贫困的她带来知识，带来希望和光明，她才能走出大山，去接受到更好的学习机会。索南项秀毕业后考取了共和县人民法院，目前正在为家乡的司法建设服务。

还有一位是江西沟小学的一名特殊的教师——河北大学第一届支教团的学生更尕。他毕业后回到江西沟小学工作，打算将余生奉献给这里。现在他已经成为小学下属幼儿园的园长。从他们身上我们可以看到，每年越来越多的支教大学生不断接力，用自己微薄的力量，让更多贫困地区的孩子们学到很多知识，更向他们传递出爱心与希望之光。当奉献与爱不只是一种语言表达时，它带给人的精神力量将会是无穷的、深远长久的。

另外，除了支教以外，青年大学生志愿者还为福利院、孤儿院、养老院需要的人送去温暖与关爱。志愿服务是社会文明进步的重要标志，是广大志愿者奉献爱心的重要渠道。作为志愿者，无论是在台前还是幕后，无论是迎来送往还是默默值守，都可以在这场青春盛会中展现自己的风采。就我们个人而言，我们从身边力所能及的小事做起，把这些小小的劳动做好，也是一种志愿服务劳动。例如，马路上帮扶老人小孩，帮助社区打扫卫生等。我们或许没有惊天动地的英雄事迹，但是要有主动实践意识，愿意积极参加各类奉献活动。有一天当我们把这种奉献精神转化为行动时，我们将会在劳动中体会奉献的美、感受奉献的快乐。

第六章

努力提高创造性劳动能力

第一节　成为创新型劳动者

为了支撑"互联网＋""中国制造 2025""一带一路"等国家重大战略，以新技术、新业态、新产业、新模式为特点的新经济的蓬勃发展，迫切需要培养大批新兴工程科技人才。

《国家创新驱动发展战略纲要》提出八大任务，其中"建设高水平人才队伍"尤为关键和重要，即着力加强科技创新领军人才、创新型企业家和高技能人才三支队伍建设。这需要大学生不断增强创新意识，强化对科学精神、创新思维、创造能力和社会责任感的培养，最大限度地发挥自身的创新潜能。

创新创业教育。中国引入创新创业教育较晚，尚处于探索阶段，创新创业实践成功率较低，创新创业型人才还很匮乏。创新创业教育是以培养具有创新精神、创业意识、创业能力和社会责任感的开拓型人才为目标的一种新的教学理念与模式。其核心教育内容不是教会大学生"如何创办企业"，而是使大学生能像企业家一样思考与行为，具备将来从事不同职业所需的知识、技能和特质，主要包括：辨别生活中机遇的能力，产生新想法和组合必需资源、抓住机遇的能力，创办和管理新企业的能力，不囿于常规的批判性思维能力等。大学创新创业教育必须与专业教育、思想政治教育紧密结合，全员参与、找准定位、结合专业、强化实践，充分利用大学生创新创业教育与社会需求对接平台。结合创新创业国家级示范项目，寻求创新创业导师的指导，借助"互联网＋"等诸多赛事，历练创新创业技能和品质。有条件的学生要在完成学业的同时，积极参加职业资格考试，获取多种资格和能力证书，增强创业就业能力。

科教融合。大学需结合重大、重点科技计划任务，建立科教融合、相互促进的协同培养机制。大学生要充分借助国家级、省部级等各级各类科研平台，主动学习，主动思考，力争进课题、进实验室、进科研团队的一切机会，以便及时接触最新科研成果，时刻站在高水平科学研究的基础之上，才有机会成为时代最前沿的新型劳动者。在专业教师的指导下，依托大学科技园、协同创新中心、工程研究中心、重点研究基地等，积极进行科学实践和创新创业，培养创新精神，锻炼科研能力。通过科研和创新能力的训练和实践，能够明确自己的兴趣爱好，勇于探索前沿性和应用性课题，进而提升大学生独立工作和解决实际问题的能力。

营造创客文化。树立正确的创新创业观，创客应立足专业和兴趣，积极参与创意和创新工作。与企业家和成功的创业者进行面对面交流，能够得到最接地气的指导；邀请专业老师参与创业沙龙和创新工厂，能够启发灵感，实时矫正创新创业方向；组建以共同兴趣为基础的大学生创客群体，能够建立强大的同辈支持体系；开展品牌性创客活动，开展一切有益的微创新、微创业和小发明、小改进，将奇思妙想、创新创意转化为实实在在的创业活动，将创新创业融入生活的点点滴滴。

第二节　熟知劳动新形态

当前，互联网的应用以及人工智能技术的进步，灵活就业人数大幅度增加，劳动时间、劳动场所、劳动管理都发生着巨大的变化，信息产业、文化产业等领域复合的、新型的劳动形态正不断涌现，劳动形态呈现出前所未有的多样化。钟点工的出现使劳动时间更灵活，线上购物的普及使劳动场所更多样，项目式运作打破了固定的团队合作模式，派遣劳动、外包劳动、委任劳动等突破单一雇主限制。

科技劳动。科学技术使劳动的创造性和智能性大大加强，推动劳动以体力劳动为主向以脑力劳动为主转变。改革开放以来，在基础科学研究领域如人类基因测序、纳米碳管和纳米新材料、寒武纪生命大爆发研究、微机电系统研究、南海大洋钻探等方面取得了重大成果，在航天高技术方面取得载人航天技术、运载火箭及卫星技术等重大突破，在基因测序方面取得两系法杂交水稻、基因工程药物、转基因动植物等技术的突破。进入互联网时代，5G 技术、大数据技术、智慧医疗、工业互联网、区块链等新技术层出不穷，催生出远程教学、远程诊断、视频带货等远程劳动者，科技劳动在展现着无边无际创造性，也展现出对人类社会发展的推动作用。

管理劳动。管理劳动是指在社会再生产过程中所进行的计划、组织、协调、指挥、监督活动的总称，它主要包括协调人与人、人与物、机构与机构的关系，发现与重组各种资源，激发各方面的积极性和主观能动性，为全面实现整体目标而协同努力。现代管理者不仅要有专业知识，还要掌握现代信息手段、市场知识、资本运营、企业发展战略，更要善于管理创新、经营创新、体制创新、技术创新。同时，现代管理者还应具有适应变化的决策能力，激励政策的设计能力和人际关系的沟通能力。新时代管理劳动是一种更高级、更复杂的，能够创造更高价值和财富的智力劳动，在企业的研发、生产、销售和服务过程中都具有极为重要的作用。

第三产业劳动。第三产业主要是服务业，如电信服务、金融服务、保险服务、商业服务、餐饮服务、旅游服务等等。随着经济全球化的进一步深化，第三产业的发展水平日益成为各国衡量经济发展水平的重要标志。就我国而言，1978年至1999年，服务业产值占 GDP 的比例由 23.7% 提高到33%，2016 年，服务业增加值占国内生产总值的 51.6%，仍低于发达国家 70% 以上的份额，也比同等收入水平的发展中国家低 10 个百分点左右（金砖国家中的巴西、南非，2014年分别为 71.0% 和 68.0%）。国际经验表明，进入工业化中后期，当人均 GDP 超过 5000 美元时，其服务消费将出现快速增长，居民消费结构由工业消费品为主转变为以医疗、教育、文化、信息、金融、旅游等服务类商品为主，居民消费将由物质型消费向服务型消费升级，居民服务性消费增长较快。第三产业从业门类繁多，岗位数将随着产业结构的调整呈级数上涨，未来第三产业劳动形式将层出不穷。

共享经济劳动。共享经济一般是指以获得一定报酬为主要目的，基于陌生人且存在物品使用权暂时转移的一种新的经济模式，本质是整合线下的闲散物品、劳动力、教育医疗资源。在北京、广州、杭州等多个城市，继共享单车、共享汽车之后，出现共享充电宝、共享篮球、共享雨伞、共享健身房等五花八门的共享经济新形态。3月4日，国家信息中心分享经济研究中心发布的《中国共享经济发展报告（2020）》显示，2019年共享经济市场交易额为32828亿元，平台员工数为623万，共享经济劳动者人数约8亿人，网约车、外卖餐饮、共享住宿、共享医疗在网民中的普及率分别达到47.4%、51.58%、9.7%、21%。报告显示，2020年初爆发的新冠肺炎疫情，共享医疗、教育、外卖餐饮等领域，平台用户数量和交易量猛增。共享经济将成为社会服务行业内最重要的一股力量，在住宿、交通、教育服务、生活服务及旅游领域，新型的共享经济劳动形态将层出不穷：从宠物寄养共享、车位共享到专家共享、社区服务共享及导游共享，甚至移动互联需求的WiFi共享等等。

第三节　培养主动实践的意识

当前大学生就业矛盾较为突出，一方面是由于我国高等教育从精英教育向大众化教育的过渡，本科毕业生井喷式增长，就业需求量大；另一方面是本科生进入工作岗位后实际操作和创新能力不足，对岗位的适应性不强，就业能力不足。在大学生实际操作和创新能力培养方面，主要依靠毕业实习，一般四年中只有一次，实习生能够得到的锻炼极少，很多时候就是"打杂"，没有"实践反思—改进—再实践—再检验"全流程体验。对企业来说，接收实习生一定程度会影响正常工作秩序，甚至是影响效益，以致积极性不高。从根本上来说，这种局面的根源在于大学生在实践方面过于被动，仅仅局限于学校安排时间、方式和内容，锻炼少，积淀少，在实习期无法展示让企业认可的劳动能力。因此，大学生要培养实践和创新能力，必须增强主动参与、主动设计意识，尽可能真正作为主体参与实践活动的各个环节，包括对象、方法、程序、反思、质疑、分析总结等。

一、提高质疑能力

质疑能力是大学生自主学习能力的重要组成部分，是大学生从"要我学"变成"我要学"的基础和关键。质疑过程是提升大学生专业能力和创新思维的有效途径，也是提升大学生辨别复杂社会环境能力的有效途径。在实践环节，大学生要敢于质疑：某个一般性原理的适用范围是什么？某特殊个体的性能、特征是否还会变化？在什么条件下会发生变化？某特殊个体可否与其他的个体建立联系或新的联系方式？如此等等。

二、培养观察力

观察的目的是发现优点、发现缺点、发现矛盾、发现问题、发现别人发现不了的东西。观察的真谛是通过细致观察、耐心探究、认真比较，独立发现有价值的问题并提出来。只有长期观察，日积月累，随着观察问题能力的提高，才能从已知的现象中推测未来的发展变化，进而形成难得的洞察力。对大学生来说，必须通过主动实践来培养观察力，因为主动实践与被动实践的最大差别是让个体自己去发现问题，尽可能找到最本质的东西。如某工程领域中目前最本质的需求是什么？最需要优化和解决的问题是什么？社会领域中现在最大的矛盾是什么？某些社会现象后面的本质是什么？类似这些问题都需要学生仔细观察。如果这样的主动实践坚持下去，观察力乃至洞察力自然会大大提高。

三、提升协作能力

随着社会的发展，竞争日益激烈，合作与交流的作用也越来越重要。大学生的团队协作能力不仅关系到个人价值的实现，更关系到社会的发展和国家的未来。团队精神是协作精神、服务精神和大局意识这三者的集中表现，关系到能否将多位个体的创新能力进行有机整合，并充分发挥效用。有研究表明，近年来，大学生在协作精神方面，个人本位主义有所抬头，在实际生活中过多注重个人利益，过分追求自我价值的实现。例如，参与调查的学生里有16.7%的学生说"不知道在将来能否与某人一起合作完成某工作"，有14.3%的学生回答"在将来不能和某人一起合作完成某工作"，当被问到"如果某位同事为方便自己出去旅游而要求与你调换休息时间，在你还未决定如何度假的情况下，你怎么办？"有32%的学生回答"要回家请示家人"，有10.3%的学生回答"拒绝调换，推说自己已经参加旅游团了"。团队协作能力培养可以从以下三个方面着手。

一是参与任务驱动、项目引领式的教学。在完成任务过程中，首先是基于现有的知识和能力去理解任务，然后制订计划、方案、预期结果及评估标准，最后通过组建团队，按照咨询、计划、决策、实施、检查和评估等步骤协作完成任务或项目。

二是利用学生社团培养协作能力。学生社团已经成为大学生进行自我教育、自我管理和自我服务的有效平台。需进一步拓展学生社团的功能，将学生社团建设成为校企联合的新领域，深入社会实践、服务社会的新载体。鼓励并指导社团成员从团队整体利益出发，形成跨专业、跨职能、跨社团的项目小组，在推动社团建设过程中，培育团队协作能力。

三是利用社会实践活动锻炼团队协作能力。在社会实践管理过程中，可以采用项目化运作的新模式，以团队形式开展社会实践活动。通过开展项目调查研究和立项，实施项目管理，建立科学有效的项目评价体系，以及做好成果的总结宣传和推广应用，在社会实践活动中培养团队协作能力。

第四节　积极参与"劳动+"创新创业项目

　　根据《国务院办公厅关于深化高等学校创新创业教育改革的实施意见》(国办发〔2015〕36号),教育部于2019年出台了《国家级大学生创新创业训练计划管理办法》,实行项目式管理,分为创新训练项目、创业训练项目和创业实践项目三类。创新训练项目是本科生个人或团队,在导师指导下,自主完成创新性研究项目设计、研究条件准备和项目实施、研究报告撰写、成果(学术)交流等工作。创业训练项目是本科生团队,在导师指导下,团队中每个学生在项目实施过程中扮演一个或多个具体角色,完成商业计划书编制、可行性研究、企业模拟运行、撰写创业报告等工作。创业实践项目是学生团队,在学校导师和企业导师共同指导下,采用创新训练项目或创新性实验等成果,提供具有市场前景的创新性产品或服务,以此为基础开展创业实践活动。国家级创新训练项目和创业训练项目获得经费支持平均不低于2万元/项,创业实践项目获得经费支持平均不低于10万元/项。

　　目前,全国有"挑战杯"全国大学生课外学术科技作品竞赛、"创青春"全国大学生创业大赛、中国"互联网+"大学生创新创业大赛、中国创新创业大赛等 20 余项创新创业类赛事，各项比赛越来越注重实用性和推广价值，体现出"劳动 +"的特点。

"挑战杯"全国大学生课外学术科技作品竞赛是由共青团中央、中国科协、教育部、全国学联和地方政府共同主办，国内著名大学、新闻媒体联合发起的一项具有导向性、示范性和群众性的全国竞赛活动，2020 年是第 17 届。1989 年首届比赛由 19 所高校发起，参与人数 300 余人，到 2019 年已发展到 1000 多所高校、200 多万大学生同场竞技。在该项赛事中，杰出人才辈出，如第二届"挑战杯"竞赛获奖者、国家科技进步一等奖获得者、中国十大杰出青年、北京中星微电子有限公司董事长邓中翰，第五届"挑战杯"竞赛获奖者、"中国杰出青年科技创新奖"获得者、安徽中科大讯飞信息科技有限公司总裁刘庆峰，第八届、第九届"挑战杯"竞赛获奖者、"中国青年五四奖章"标兵、南京航空航天大学 2007 级博士研究生胡铃心等。

"创青春"全国大学生创业大赛是在原有"挑战杯"中国大学生创业计划竞赛的基础上，由共青团中央、教育部、人力资源社会保障部、中国科协、全国学联自 2014 年起共同发起，每两年举办一次。它下设大学生创业计划竞赛（即"挑战杯"中国大学生创业计划竞赛）、创业实践挑战赛、公益创业赛等 3 项主体赛事。大学生创业计划竞赛面向高等学校在校学生，以商业计划书评审、现场答辩等作为参赛项目的主要评价内容；创业实践挑战赛面向高等学校在校学生或毕业未满 3 年的高校毕业生，且已投入实际创业 3 个月以上，以盈利状况、发展前景等作为参赛项目的主要评价内容；公益创业赛面向高等学校在校学生，以创办非盈利性质社会组织的计划和实践等作为参赛项目的主要评价内容。在 2019 年第五届比赛中，全球五大洲 124 个国家和地区、4093 所院校的 457 万名大学生、109 万个团队报名参赛，参赛项目和学生数接近前四届大赛的总和。其中，国际赛有来自 120 个国家和地区、1153 所院校的 6000 多名大学生参赛。该项赛事胜出过多个优秀团队，如白云峰带领的"杭州光珀智能科技"团队获得了 2017 年第三届"双创大赛"的全国总冠军。他们的参赛项目"新一代固态面阵激光雷达"基于飞行时间测量法，结合光珀独有的创新性技术，可以十分经济的价格获得稠密的点云数据，同时解决了传统线扫激光雷达体积大、分辨率低、成本高等问题。如今，光珀科技已经成长为一家准独角兽企业。其产品从无人直升机系统、微小卫星，到 Niceky 自抗凝性高通量血液透析器、终极发动机。

"中国创翼"青年创业创新大赛由中国宋庆龄基金会、人力资源社会保障部联合主办，以"共圆中国梦、青春创未来"为主题，包括主体赛事：创业创新路演赛；专项赛事：大学生营销策划赛。宾果智能是第三届比赛一等奖获得者，作为全球领先的人工智能幼教解决方案服务商，在业界率先开创出"智慧幼教"体系，将国际领先的物联网、大数据与智能技术应用于幼教实际场景，极大地提升教学质量、办园特色与竞争力，让孩子们享受到前沿科技与优质教育。

第七章

弘扬劳动精神、劳模精神、工匠精神

劳动精神、劳模精神、工匠精神，是广大劳动者在劳动实践中凝练形成的精神财富，是推动新时代中国经济社会发展、实现中华民族伟大复兴的重要动力。新时代大学在立德树人的过程中，要大力加强劳动精神、劳模精神、工匠精神教育，大力弘扬劳动精神、劳模精神、工匠精神。

第一节　弘扬劳动精神

一、劳动精神的内涵

劳动精神是每一位劳动者为创造美好生活而在劳动过程中秉持的劳动态度、劳动理念及其展现出的劳动精神风貌。

二、劳动精神与新时代大学生的全面发展

弘扬劳动精神，培养大学生成长为符合经济社会发展要求的时代新人。培养大学生的劳动精神，促进大学生的全面发展，从而最大限度地帮助大学生真正成为新时代社会主义需要的合格接班人和建设者。鼓励大学生热爱劳动、尊重劳动者，有利于提升大学生的综合素质，以此来培养大学生成为德、智、体、美、劳全面发展的时代新人。作为承担民族复兴、实现中国梦重任的时代青年，只有具备良好的劳动精神，才能立足实际，在辛勤劳动中练就扎实过硬的本领，将自己打造成符合经济社会发展要求的时代新人。

弘扬劳动精神，鼓励大学生通过劳动用双手创造美好生活。中国作为社会主义国家，实行的是按劳分配制度，劳有

所获是社会运行遵循的基本价值理念。倡导劳动崇高、劳动光荣、劳动伟大、劳动美丽的社会主义劳动精神，对于鼓励大学生依靠诚实合法劳动来实现梦想，抵制现实存在的不劳而获、贪图享乐安逸的想法具有非常重要的现实意义。

弘扬劳动精神，鼓励大学生用劳动彰显自身昂扬奋进的时代风貌。青年朝气蓬勃的精神面貌是民族积极奋进的重要标志。大学生处于人生奋斗的关键时期，应该树立自觉劳动、奋发图强的思想理念。劳动精神的培育和养成可以提高大学生独立生存能力，促使大学生以更加积极的姿态投身于社会主义建设事业，从而更好地服务人民。青年大学生劳动精神培育与养成的过程是自身想象力和创造力不断被激发的过程，这也是时代青年自信奋进的最好写照。

三、新时代大学生劳动精神的弘扬和培育

以实现中国梦激发大学生的劳动热情。对于当代大学生而言，除了实现自我发展的人生目标、探寻超越自我的价值追求、创造属于个体的幸福美好生活外，还应具备参与社会劳动奉献、勇于承担社会责任的精神。新时代大学生期盼能够通过知识技能的学习和社会经验的积累来促进自我的发展，使自身获得更好的工作和更美好的生活，这些都是个体美好的生活愿景。但是要想达成理想，没有艰辛的努力付出，终究会变成个人的空想。国家的富强、民族的复兴、伟大中国梦都需要作为追梦者和圆梦人的大学生依靠自己的聪明才智

和辛勤劳动来实现。新时代为大学生提供了广阔的发展舞台，高校大学生要以国家富强、民族振兴、人民幸福为己任，将自己的个人梦想与国家的前途、民族的命运紧密地结合起来，胸怀理想、志存高远，以勤学苦干、敢于创新的精神激励自己投身于中国特色社会主义伟大实践中去。

以科学的劳动精神引领大学生的劳动观念。当前社会，浮躁功利的心态占据了部分大学生的内心世界，他们认为急功近利、投机取巧、靠关系、走捷径的方式可以快速获得人生的成功。不想参与劳动、不愿付出努力、不认识劳动意义、不尊重劳动者的付出、不珍惜劳动成果，成为大学生劳动精神缺乏的集中体现。要以科学的劳动精神引导大学生形成正确的劳动观念。首先，加强大学生劳动精神培养的理论建设，使大学生充分认识劳动对自身成长的重要意义，鼓励大学生勇于参与劳动实践，尊重诚实守法劳动者的一切努力和付出，珍惜自己和他人的劳动成果。其次，要告诫大学生抵制急功近利、梦想暴富的想法，培育常态化的奋斗精神，与自身存在的惰性思想做斗争。坚决摒弃不劳而获的想法，不沉迷于徒有虚名、唯利是图的"伪奋斗"，保持求真务实、奋发有为的精神风貌。最后，鼓励大学生学有所长、学有所专，利用自己学习获得的知识技能来提高劳动的创造性和含金量。

以良好的社会环境培育大学生的劳动情感。要营造良好的社会环境氛围，更好地弘扬劳动精神。第一，要在社会范围内弘扬劳模精神，通过更多的正面引导，典型示范、耳濡目染地将劳动精神内化于大学生的内心、外化于他们的言行。榜样的力量是无穷的，通过弘扬时代先锋精神、挖掘大学生身边的劳模先进事迹，让大学生对符合时代要求的劳动意义有更为直观和真切的感受，从而激发大学生参与劳动、勇于奉献的行动。高校要积极构建促进大学生劳动精神养成的良性环境，讴歌时代劳模、学习时代劳模，以此来培育大学生的劳动情感。第二，要推动社会的法治进程和道德建设，为大学生创造公平正义的劳动环境和劳动保障，为大学生的成长成才提供公平的权利和机会，让大学生在耕耘中获得收获，在奋斗中获得发展。

以丰富的劳动实践活动养成大学生的劳动习惯。新时代大学生劳动精神的培育和养成，需要具体落实到大学生的言谈举止以及具体的学习生活和社会实践中去，以丰富的实践活动促成大学生良好的劳动习惯的养成。首先，大学生要结合自己的特长和专业，从事一些和专业相关的社会实践活动，做到理论与实践的结合，在增长才干中培育劳动精神。其次，大学生应积极参与公益性社会活动，如"爱心支教""服务三农"等，体验劳动的快乐，实现自身的社会价值，真正做到将劳动精神内化于心、外化于行，养成勤劳奉献的良好习惯。

第二节 弘扬劳模精神

劳动模范是民族的精英、人民的楷模。长期以来，广大劳模以平凡的劳动创造了不平凡的业绩，铸就了令人钦佩的劳模精神。

一、劳模精神的内涵

劳模即劳动模范，他们是劳动者中的典范，是劳动群体中的领头人。劳动模范不仅仅象征着荣誉，更是全国劳动人民的学习榜样。劳模精神是劳动模范在平凡岗位上作出不平凡业绩所坚持坚守坚定的基本信念、价值追求、人生境界及其展现出的整体精神风貌。习近平总书记指出，"劳动模范身上体现的'爱岗敬业、争创一流，艰苦奋斗、勇于创新，淡泊名利、甘于奉献'的劳模精神，是伟大时代精神的生动体现"。这为我们科学理解和大力弘扬劳模精神提供了指引。

二、劳模精神与新时代大学生的全面发展

弘扬劳模精神，帮助大学生树立正确的价值观。劳模精神作为民族精神与时代精神的集中体现，在文化传承、爱

国情怀、道德提升、教育导向等方面，与社会主义核心价值观具有高度的契合性和一致性，是对社会主义核心价值观的生动诠释。弘扬劳模精神，有利于引导青年大学生树立正确的劳动价值观，涵养深厚的劳动情怀，成为德智体美劳全面发展的中国特色社会主义事业合格建设者和可靠接班人。

弘扬劳模精神，引领大学生树立良好的职业道德。劳动模范是劳动群众的杰出代表，是最美的劳动者，是时代劳模精神的承载者和践行者。劳动是劳模精神的基石，劳动者是劳模精神的主体，学会扮演好劳动者的角色是大学生立业的本质。劳模精神所体现的忘我的劳动热情、淡泊名利、艰苦奋斗，有利于营造崇尚劳模、学习劳模、争当劳模的良好氛围，也是大学生真正从事未来职业的客观需要。

弘扬劳模精神，促使大学生建功新时代。劳模精神是实现中华民族伟大复兴中国梦的重要力量。中国特色社会主义伟大事业需要依靠一代又一代中国人的辛勤劳动、接续奋斗来实现。弘扬劳模精神，用劳模的先进事迹和优秀品质感召青年大学生勤奋做事、勤勉为人，激励青年大学生以敢闯敢试的勇气、激荡自我的智慧、舍我其谁的担当，勇做新时代的见证者、开创者、建设者，以饱满的奋斗热情、昂扬的拼搏斗志，争先做新时代的奋斗者。

弘扬劳模精神，培养大学生的创新创业精神。伟大的创新创业实践，需要能够支持和鼓舞的伟大精神。劳模精神既有民族精神的深远基础，又凝结着新时代的活力，反映了劳模群体的风采。劳模精神作为劳动模范共同的价值取向和行为准则，具有巨大的感染力、改造力和影响力，是规范大学生创新创业者思想和行为的无形力量，是提升大学生创新创业能力和实践水平的强大动能。

三、新时代大学生劳模精神的弘扬和培育

在课堂教学中融入劳模精神。思想政治教育要适应大学生的身心特点和成长规律，完善思想教育方法，深化大学生道德建设和思想政治教育。推进劳模老师进课堂上德育课，传播和弘扬劳模事迹和精神，让学生有机会直接和劳模老师交流，切实感受到劳模的魅力，将更有助于促进学生践行社会主义核心价值观的自觉性和主动性。

在网络媒介中弘扬劳模精神。网络已经成为大学生获取信息的重要渠道之一。要充分利用网络宣传劳模精神，通过微信群、公众账号、校园网等新媒体平台，以学习和弘扬劳模精神为主题，寻找身边具有劳模精神的人、身边美丽的劳动者，从而将劳模精神广泛传播。

在榜样典型中感知劳模精神。要大力宣传劳模事迹，树立劳模榜样作为典型示范，使劳模精神得到弘扬和辐射。弘扬和培育在社会上流行和被赞赏的以善良、仁爱和无私为核心的"最美精神"，通过让师生寻找"最美的人"，营造一股发现真善美的热潮，促使学生在寻找美、评价美和欣赏美的

过程中，受到劳模精神的启迪。深入挖掘各个高校师德师风的标兵楷模，展现大师风范。采用不同的形式，在润物细无声中进行劳模精神教育。

在创新实践中践行劳模精神。实践教学是理论学习与实践技能相结合的育人过程，有利于最大限度地发挥学生潜能，持续提升大学生应用知识、创新创业的能力。在高校弘扬劳模精神时，可结合所开设专业，聘请与专业密切相关的劳动模范，建设一批具有劳模特色的教学实践基地。每学年利用寒暑假或教学实践周带领大学生到劳模所在单位进行社会实践，体验劳模的成长环境，探寻劳模的成长历程，聆听劳模同事讲述劳模故事，在真实环境中亲身感受劳动模范的奉献精神和创造精神，激发大学生奉献社会和创新创造的热情。

第三节　弘扬工匠精神

新时代的大学生肩负着实现中华民族伟大复兴中国梦的历史重任，应成为弘扬、践行工匠精神的生力军和"排头兵"。

一、工匠精神的内涵

工匠精神自古有之。狭义是指凝结在工匠身上的在制作或工作中追求精益求精的态度与品质。[①]它与手工业的发展相伴相生，并随着时代的发展而不断演进丰富。

当今时代，随着社会的发展和劳动内涵的丰富，工匠精神的内涵早已超越了"工"的范畴，而成为对所有职业者都适用的职业态度、职业精神和行为追求。在新时代，工匠精神被赋予了新的内涵。全国政协委员、中国社会科学院中国近代思想研究中心主任郑大发认为，新时代"工匠精神"的基本内涵主要包括：爱岗敬业的职业精神、精益求精的品质精神、协作共进的团队精神、追求卓越的创新精神。其中，爱岗敬业的职业精神是根本，精益求精的品质精神是核心，

---

① 肖群忠，刘永春.工匠精神及其当代价值[J].湖南社会科学，2015(6).

协作共进的团队精神是要义，追求卓越的创新精神是灵魂。①

爱岗是指热爱自己的工作岗位，热爱自己的本职工作；敬业是对自己从事的工作要恭敬严肃，兢兢业业，认真负责。爱岗敬业是职业道德的基础，也是劳动者最基本的职业态度。在具体的工作中，只有热爱自己的工作，踏踏实实、勤勤恳恳地努力工作，愿意把时间、精力和满腔的热情投入到工作之中，才能不断地提高自己的工作能力和职业素养。

精益求精是指一项工作或一件事情已经做得很好了，但还要做到更好、做到极致，是一种追求完美、追求极致的工作精神。在具体的工作中，只有做到精益求精，没有最好、只有更好，没有完成时、只有进行时，才能不断地磨炼自己的工作技能，提高自己的工作能力，才能打造本行业最优质的产品，才能使自己成为本行业最优秀的劳动者。

协作共进是指在工作中要具有团队精神、合作意识，要与其他劳动者一起团结合作，互相配合，共同努力，共同进步，从而完成工作任务、实现工作目标。在如今全球化、专业化、信息化时代背景下，任何职业、任何工作都越来越依靠团队合作，一个人单打独斗的工作方式已不适合时代的发展和社会的需求。因此，善于合作、高效协作、共同进步，已成为新时代劳动者的必备要求。

追求卓越是指在工作中要有创新精神，要与时俱进、开

---

① 郑大发．什么是新时代的"工匠精神"[N]．人民政协报，2018-8-30(3)．

拓进取。创新是一个民族的灵魂，是一个国家兴旺发达的不竭动力。在具体的工作中，只有坚持不断创新，才能使自己的工作、自己的产品获得长久的生命力，才能跟上时代前进的步伐、满足社会发展的需要，才能使自己成为一名优秀卓越的劳动者。

二、弘扬工匠精神与新时代大学生的全面发展

在全球化和信息化的时代背景下，新时代大学生正经历着百年未有之大变局，他们的思想多元、自我意识凸显，更加注重自我发展和个人价值实现。工匠精神是中华民族精神的重要瑰宝，其所蕴含的爱岗敬业、精益求精、协作共进、追求卓越等精神特质，对于培养大学生树立正确的世界观、人生观、价值观，帮助大学生成为"有理想、有本领、有担当"的一代新人，促进大学生的全面健康发展具有十分重要的意义。

弘扬工匠精神，有利于培养大学生树立正确的价值观。树立正确的价值观、培育和践行社会主义核心价值观是高校立德树人的重要任务。从内容上看，工匠精神的爱岗敬业、精益求精是社会主义核心价值观在公民个人层面的体现，具有正确的方向引领和价值导向功能。从过程上看，国家富强、民族振兴、社会进步都离不开具体的劳动实践，离不开广大劳动者的积极进取、苦干实干、开拓创新。因此，弘扬工匠精神，有利于形成尊重劳动、崇尚劳动、劳动光荣的社会风

尚，有利于培养学生树立正确的价值观、劳动观、职业观。

弘扬工匠精神，有利于促进学生的全面发展。促进人的全面发展是马克思主义教育观的核心思想，培养德才兼备、全面发展的新时代大学生是我国高等教育的教育方针和根本任务。新时代工匠精神所蕴含的爱岗敬业、精益求精、协作共进、追求卓越、开拓创新等精神内涵，是所有人都可以汲取的职业素养和职业要求。弘扬工匠精神，可以培养新时代大学生崇尚劳动、勤于钻研的精神，增强其勇于创新、团结协作的本领，养成吃苦耐劳、精益求精、勤恳踏实的优秀品质，从而提高个人的职业能力和职业素养，提升自身的综合能力，达到全面发展。

在 2016 年第 44 届世界技能大赛砌筑项目中国选拔赛中荣获冠军的长沙建筑工程学校刘宇航是弘扬和践行工匠精神的典型代表。作为一名来自湖北省荆州市农村的"95"后，刘宇航在赛前的两年时间里，没有休息日和寒暑假，每天 8 小时，不断地进行训练；训练过程的每一件作品，都要达到水平度和垂直度误差为零。也正是由于这样的耐心、专注和坚持，这样的一丝不苟、精益求精，刘宇航的比赛作品没有一点瑕疵，既有传统手艺，又能按图施工，展现出了超人一等的综合素质。

三、新时代大学生应积极践行弘扬工匠精神

青年兴则国家兴，青年强则国家强，青年一代有理想、

有本领、有担当，国家就有前途，民族就有希望。青年有工匠精神，我们的民族才能更好地发展。作为实现中华民族伟大复兴中国梦的主力军和有生力量的新时代大学生，在大学的学习生活中更应该正确体认、理解工匠精神，积极培育、内化工匠精神，大力践行、弘扬工匠精神。

营造良好氛围，培养工匠精神。将校园文化与工匠精神紧密结合，用更为柔和的方式、更人性化的手段对大学生形成潜移默化的影响，帮助大学生在长期的过程中自然、平和地感受工匠文化，培育工匠精神，促进大学生劳动观念和劳动习惯的养成。在浓厚的工匠文化氛围中宣扬工匠精神理念、传播工匠文化，让工匠精神之花遍开校园，让每一位学生都能感知到工匠精神。

树立典型案例，宣传工匠精神。深挖新时代工匠精神的内涵，巧用典型案例，不断丰富宣传方法，充分利用和发挥微信等新媒体深受大学生喜爱的优势，积极宣传新时代工匠精神，引导大学生的价值观向工匠精神靠拢，让他们对工匠精神有更深的理解和认同。

利用实践平台，感知工匠精神。在实践教育活动中引导大学生贴近劳动、认识劳动，在劳动创新中不断感悟劳动。大学生在亲身的劳动实践中培养自己踏实肯干、严谨求实的作风。在创新实践中充分挖掘学生潜能，将创新作为大学生工匠精神培育的主要生成点。

延伸阅读

以劳模精神带动更多劳动者创业
——渭南市两名返乡大学生的创业故事

"听了习近平总书记给中国劳动关系学院本科班学员的回信，我对劳模精神、劳动精神、工匠精神有了更进一步的认识。我回去以后一定要好好干，把劳模精神传承下去。"5月4日，刚刚获得渭南市五一劳动奖章的返乡创业大学生陈平感慨地说。

陈平是一名 70 后，西安电子科技大学毕业，曾在国企任职。2011 年，陈平放弃国企优厚的待遇，只身回到家乡富平县曹村镇，成立了富平县骐进生态农业科技开发有限公司，从事富平柿饼产品销售。企业步入正轨后，陈平开始琢磨着如何利用柿子产业带动当地农民致富。为此，他成立富平县大福柿子种植专业合作社，定期组织专家教授对农户进行培训，提供低于市场价格的农资，帮助农户销售农副产品，并结对帮扶贫困户。如今，富平县大福柿子合作社已有 631 户农户加入，2642 亩柿子园变成合作社的基地，"公司＋合作社＋农户＋市场"的发展模式逐步形成。

陈平还结合当地的资源优势，为产业发展注入了文化元素，建起我国首座柿子博物馆，筹建了富平乔山书院，开展贾岛、关学等文化研究，搭建文化交流平台；保护千年古树柿寿星，开展百年古柿树保护暨柿树认养活动……这一系列做法使曹村成为现代生态休闲农业观光游目的地，每到周末，有将近 3000 余人来这里观光休闲。一些农民从观光旅游中受益，很多贫困户、残疾人有了就业岗位，在家门口就能挣到钱。

和陈平一样，刚刚获得第三届渭南市五一劳动奖状的蒲城县金粟山养鸡专业合作社副理事长王文娟，也是一名返乡创业的大学生。现年 31 岁的王文娟之前是西安医科大学的毕业生，曾在省人民医院工作。后来看到美丽乡村建设的成果一天比一天好，她毅然辞掉工作返回老家创业。

王文娟告诉记者，荣誉不是终点，而是起点。今后，她将继续弘扬劳模精神和工匠精神，在自己的岗位上继续拼搏，将自己的企业打造成渭南市蛋鸡产业的排头兵，为全市人民群众提供安全放心产品，无愧于"五一劳动奖章"这一光荣称号。

据了解，为了配合尧山镇完成扶贫任务，王文娟吸纳了 553 户贫困户，以扶贫资金入股变"股金"的形式进驻基地，年底分红。同时采取入园务工、借鸡下蛋等方式，帮助大家脱贫致富。

如今在渭南，越来越多的劳动模范、返乡大学生活跃在美丽乡村建设的广阔天地，书写着属于这一代劳动者的荣光。

（《陕西工人报》记者 兰增干）

思考与实践

参加一项劳动实践，体会和培育劳动精神、劳模精神、工匠精神。

第八章

崇尚奋斗、实干、奉献精神

2020年3月20日，中共中央、国务院《关于全面加强新时代大中小学劳动教育的意见》要求，高等学校要培养学生树立正确择业观，具有到艰苦地区和行业工作的奋斗精神，懂得空谈误国、实干兴邦的深刻道理；注重培育公共服务意识，使学生具有面对重大疫情、灾害等危机主动作为的奉献精神。

第一节　树立崇尚艰苦奋斗的择业观

一、新时代更需弘扬艰苦奋斗精神

　　艰苦奋斗是中国共产党与生俱来的优秀品格，也是党领导全国人民成就伟大事业的制胜法宝。中国共产党近百年的历史就是一部艰苦奋斗史，就像毛泽东同志概括的那样，艰苦奋斗是"我们的政治本色"。正是秉持着艰苦奋斗精神，中国共产党带领全国人民赢得了新民主主义革命的胜利，探索出了符合本国国情的中国特色社会主义道路，让中国在 20 世纪发生了一次又一次划时代的历史巨变，也让 21 世纪的中国实现了从"赶上时代"到"引领时代"的伟大跨越。[①]

　　我国的经济总量已经稳居全球第二，而且依然以强劲的势头向前发展，人民群众的生活水平也显著提高，社会主要矛盾已转变为人民日益增长的美好生活需要和不平衡不充分的发展之间的矛盾。在这种时代大背景下，一些错误思想观念开始滋生，认为艰苦奋斗精神已经过时了，这是需要引起我们警惕的。

---

① 赵明昊 . 新时代更须弘扬艰苦奋斗精神 [N]. 光明日报，2018-03-05(14).

弘扬艰苦奋斗精神，不仅表现在物质层面坚持艰苦朴素、勤俭节约的生活作风，更重要的是在精神层面保持着战胜一切艰难险阻、一往无前的思想态度。[①]"中国号"巨轮要想在新时代浪潮中行稳致远，艰苦奋斗精神一刻都不能丢，全社会都应践行。

要在新时代的新起点上实现新突破，最终实现中华民族伟大复兴的中国梦，更需要在全社会弘扬艰苦奋斗精神。只有全体人民始终坚定艰苦奋斗的脚步，方能开辟中华民族伟大复兴的坦途，方能无愧于这个伟大的时代。[②]

二、新时代大学生要树立崇尚艰苦奋斗的择业观

作为新时代的青年大学生，应该崇尚艰苦奋斗的择业观，具有到艰苦地区和行业工作的奋斗精神。这种择业观一方面是新时代大学生实现长远发展的需要，另一方面也符合当前的就业形势。

到艰苦地区和行业工作，可以让青年大学生打下更扎实的青春底色，为更好地实现自身价值和长远发展奠定坚实基础。要勉励当代大学生转变择业观念，勇于到基层一线和艰苦地方去，善于在平凡岗位上创造不平凡的业绩。只有经历苦难挫折，才能真正成长成才。面对人生这堂必修课，敢于吃苦，才能磨炼坚强的意志；甘于吃苦，才能在攻坚克难中完善自身、成就人生。

---

① 赵明昊. 新时代更须弘扬艰苦奋斗精神 [N]. 光明日报，2018-03-05(14).
② 赵明昊. 新时代更须弘扬艰苦奋斗精神 [N]. 光明日报，2018-03-05(14).

到艰苦地区和行业工作，也符合当前大学生就业的客观形势。教育部发布的《2019年全国教育事业发展统计公报》显示，全国各类高等教育在学总规模4002万人，高等教育毛入学率51.6%，高等教育大众化已成不争的客观事实。这种大背景下，大学生就是社会的普通一员，"精英""天之骄子"的昔日光环与当下的社会现实不符，人力资源市场的"买方市场"局面在短时间内很难有太大的改变。面对这样的形势，如果青年大学生不能及时转变择业观念，眼睛只盯着大城市，只考虑高薪、稳定、舒适的行业，在就业过程中难免碰壁。有调查数据显示，超过85%的毕业生希望留在城市和沿海地区工作，超过65%的毕业生希望到国家机关、外企和高新技术企业工作，只有22.6%的毕业生愿意到农村工作。如此一来，"英雄无用武之地"与"用武之地"找不到"英雄"并存的尴尬局面就在所难免了，这种现象反映出不少大学生的择业观存在误区，没有做好到艰苦地区和行业工作的思想准备。时代在变，我们的择业观念也要随之而变。不管是从个人长远发展考虑，还是从就业的现实考虑，都应树立崇尚艰苦奋斗的择业观，勇于到艰苦地区和行业锻炼成长，善于在艰苦、复杂的环境中脱颖而出。

为了鼓励和保障大学生到艰苦地区和行业工作，国家也采取了一系列制度性措施。2003年，共青团中央、教育部、财政部和人社部四部门联合实施大学生志愿服务西部计划。截止到2018年，共有27万多名大学毕业生参加了西部计划，数以万计的西部计划志愿者服务期满后，选择留在当地继续工作或创业。自实施西藏专项、新疆专项以来，期满志愿者留藏率超过 30%，留疆率超过 40%。① 自 2010 年以来，北京大学已与 27 个省（自治区、直辖市）建立了长期稳定的定向人才输送计划，深入基层和西部地区的就业人数逐年增长。清华大学每年都有一批大学生参加西部项目和研究生支教团项目，部分同学毕业后通过选调、村官、考公务员的形式再次回到西部。

《国务院关于进一步做好普通高等学校毕业生就业工作的通知》强调，要鼓励高校毕业生到中西部地区、民族地区、贫困地区和艰苦边远地区就业，并要求相关部门进一步完善相关政策，重点解决大学生工资待遇、社会保障、人员编制、资金支持等各方面面临的实际问题，并给予一定的补贴。为了鼓励大学生深入基层、边远艰苦地区就业，各地也纷纷出台相关优惠补助政策，如山东省对到财政困难地区参加"三支一扶"计划和"一村（社区）一名大学生"工程服务计划的高校毕业生，每人每年补助 6000 元，对选聘到 30 个欠发达县农村工作的大学生每人每年补助 1.1 万元，其余县每人每年补助 7000 元；福建省对于具备教师资格证的本科生到县乡镇及以下农村地区任教的，连续四年按每人每年 5000 元退还学费；辽宁省对在基层一线就业的大学毕业生，给予享受考研加分和公务员优先录用等优惠政策，等等。

---

① 陈凤莉. 西部计划：一部用志愿精神灌溉西部的青春史 [N]. 中国青年报，2018-06-06(01).

第二节　崇尚实干精神

一、新时代要弘扬实干精神

我国改革开放的伟大实践充分证明了"空谈误国，实干兴邦"这个真理。面向未来，全面建成小康社会要靠实干，基本实现现代化要靠实干，实现中华民族伟大复兴要靠实干。

实干兴邦是我们党的优良传统和一贯的执政理念。毛泽东同志大力倡导"实事求是，力戒空谈"，邓小平同志反复强调，"世界上的事情都是干出来的。不干，半点马克思主义也没有"。正是一代人接着一代人的实干，才让我们比历史上任何时期都更加接近中华民族伟大复兴的目标；也只有依靠实干，才能让我们对实现这一目标具有无比坚定的信心。

党的十九大清晰地擘画了全面建成社会主义现代化强国的时间表、路线图，那就是在 2020 年全面建成小康社会、实现第一个百年奋斗目标的基础上，再奋斗 15 年，在 2035 年基本实现社会主义现代化。从 2035 年到本世纪中叶，在基本实现现代化的基础上，再奋斗 15 年，把我国建成富强、民主、文明、和谐、美丽的社会主义现代化强国。

"两个一百年"奋斗目标让人震撼，实现伟大目标，需要凝聚力量，凝聚力量的最好办法就是要在全社会弘扬实干精神。任何工作和事业都是干出来的，不是吹出来的。兴邦首先要兴业，兴业必须靠人才，人才务必要实干。"宰相必起于州郡，猛将必发于卒伍"，实践出真知，实干造人才。只有在全社会大力弘扬实干精神，才能营造人才辈出的良好环境，才能充分发挥人才的干事创业作用，为"两个一百年"伟大目标的实现提供源源不断的动力和支撑。

二、新时代大学生要崇尚和践行务实重干的实干精神

作为新时代的青年大学生，要顺应时代发展大势，在劳动中崇尚和践行务实重干的实干精神。据某外卖平台发布的《2019 大学生外卖骑手群体洞察报告》显示，2019 年暑期全国共有 9896 名大学生成为该平台的兼职骑手。这些大学生骑手并非都是生计所迫，他们当中 38% 的人是为了体验生活而选择了这份兼职。[①] 这种现象反映出大学生群体中，有相当比例的人已经开始转变观念，树立了崇尚实干的劳动观念。

大学生做兼职骑手，体现了一种实干精神。这种实干精神对于任何领域、任何行业都是难能可贵、值得倡导的。《道德经》有句名言："天下大事，必作于细。"再神圣的工作，也都是从点滴的小事做起。神州十一号再圆中国人的飞天梦

---

① 大学生外卖骑手体现新择业观 [J]. 教学管理与教育研究，2019(18)：124.

想，这背后是无数科技工作者和一代代航天人的艰辛付出，是他们一步步筑起中国人的"天上宫阙"。没有脚踏实地的实干精神，飞天梦就失去了支点。正如一位航天人所说，脚踏实地，持之以恒，才能实现梦想。既要有雄心壮志，心存梦想，更要脚踏实地、苦干实干，这不仅是中国航天人的秘诀，也是适用于所有人的普遍法则。

大学生对职业美好的期待无可厚非，但更为重要的是脚踏实地、务实重干。"大学生采煤班"的故事就是当代大学生践行实干精神的典型例子。河南省平顶山市中国平煤神马集团六矿有一个"大学生采煤班"，2名硕士生、2名本科生、8名大专生组成了这个采煤班，主要负责用电脑来操控整套国产自动化器械。他们所在的六矿，不仅采煤量占同期矿内原煤总量的三分之一，还进行了13项技术革新，成为"全国工人先锋号"。① 陕西榆林神东煤炭集团哈拉沟煤矿也有一个"大学生采煤班"，同样承担起了煤矿的技术攻坚的光荣使命。他们不负众望，攻克难题，大大提高了煤矿的安全生产系数和生产效能。② 只有一流的人才"驾驶"一流的采煤设备，煤炭企业才能彻底转型升级，跃上安全生产的新台阶。"大学生采煤班"的青年人用自己的青春和学识，以实干

---

① 大学生采煤班真是不一般 [N]. 中国青年报，2011-04-05(01).
② 新时代的奋斗者：大学生采煤班——让青春在百米井下发光 [EB/OL]（2018.04.27）[2020.05.22]. https://www.sohu.com/a/229724081_387118.

的精神走在了煤矿工人创新的最前列。为国家做贡献，为自己谋幸福，"大学生采煤班"的年轻人觉得自己就是最幸福的"矿工"。

随着时代的发展，就业市场上脑力劳动和体力劳动之间的界线可能会越来越模糊。办公室里普通文员的薪资收入、社会地位和职业成就感，未必就高于建筑工人和育儿月嫂；建筑工人和育儿月嫂所掌握的理论知识和实际技能，也不一定就少于办公室文员。从当前一些高等教育普及率较高的发达国家情况来看，高学历者投身各行各业已成为择业常态，售货员、水管工、汽车司机甚至农民，很多普通劳动者都是大学毕业生。这种局面也将是我们中国大学生在择业时不得不面对的现实，这也是国家和社会发展的大势所趋。从另一个方面来看，越来越多的大学生加入各种行业，也带动了人才、知识、技术和经营管理理念的更新，对传统行业具有"点石成金"的效应，能够推动传统行业成长为更具知识和技术含量、具有高附加值的新业态，有利于促进我国经济结构优化和产业升级，有利于生产力的发展。例如，在传统业态下，外卖送餐只是餐馆的一项附属业务。当其成为大学生创业领域后，青年高知群体充分发挥了"互联网+"的功能，加上规模化、组织化运营，外卖送餐很快成为一个庞大行业。这种"点石成金"的魔幻现实并不仅仅存在于外卖行业，从种植业到养殖业，从手工业到简单制造业，从交通运输业到家政服务业，几乎每一个传统行业，都能因为人才、知识和技术的注入而获得新生。① 只要我们青年大学生能够脚踏实地、务实重干，每个行业都有我们施展才华的空间与舞台，都能在伟大的新时代成就一番属于我们自己的精彩事业。

苏格拉底曾说过："只想不做的人只能生产思想垃圾，成功是一把梯子，双手插在口袋里的人是爬不上去的。"仰望星空，是未来人生的蓝图，而脚踏实地，是引领我们前进的人生地图。"空谈误国，实干兴邦"不是口号，而是一种理念、一种精神。我们新时代青年大学生应该崇尚和践行实干精神，将实干作为自己的梦想之翼、幸福之基、成长之径，用实干铺就通往成功的人生坦途。

① 大学生外卖骑手体现新择业观 [J]. 教学管理与教育研究，2019(18): 124.

第三节　崇尚奉献精神

一、崇尚奉献精神是中华民族的传统美德

　　奉献精神是一种纯洁高尚的精神境界，是社会责任感的集中表现，也是我们中华民族的传统美德。从流传下来的经典神话传说人物身上就可以看出我们中华民族对奉献精神的推崇：面对人类灾难挺身而出、补天救世的女娲，为了驯服洪水三过家门而不入的大禹，带领子孙挖山开路、最后感天动地的愚公，等等。这些神话人物都向我们展示了牺牲小我、成就大我的奉献精神。历史上许多英雄故事也与奉献有关：杨家将满门忠烈，前赴后继、喋血沙场；林则徐抵御外侮，留下了"苟利国家生死以，岂因祸福避趋之"的豪言壮语，等等。类似的感人故事还有很多，给我们塑造了一个个英雄人物，他们是一代又一代的民族脊梁。文学作品中与奉献有关的名句更是不胜枚举：李商隐的"春蚕到死丝方尽，蜡炬成灰泪始干"，范仲淹的"先天下之忧而忧，后天下之乐而乐"，文天祥的"人生自古谁无死，留取丹心照汗青"，陶行知的"捧着一颗心来，不带半根草去"，等等。这些经典名

句，都表达了人们对奉献精神的赞美。

中国共产党坚持全心全意为人民服务的根本宗旨，决定了中国共产党的精神底色就是奉献。中国革命、建设、改革近百年的历史，就是中国共产党赤诚奉献的历史。在长期的奋斗实践中，中国共产党创立形成的井冈山精神、长征精神、延安精神、西柏坡精神、铁人精神、"两弹一星"精神、抗震救灾精神、载人航天精神等一系列伟大精神，无一不包含着奉献精神；中国共产党的队伍中所涌现出的刘胡兰、江姐、董存瑞、邱少云、雷锋、王进喜、焦裕禄、孔繁森、甘祖昌、谷文昌、杨善洲、沈浩、郭明义、邹碧华、南仁东等一大批英雄模范，也无一不体现着奉献精神。①

奉献精神作为一种美德，也是全人类共同的价值追求，许多世界名人都用奉献来衡量生命的价值。著名诗人泰戈尔曾说"我们必须奉献于生命，才能获得生命"；法拉第希望自己"像蜡烛为人照明那样，有一分热，发一分光"；诺贝尔为科学奉献一生，逝世前决定设立诺贝尔奖，"发给确实对人类有不可磨灭的贡献的人"；居里夫人备受世人崇敬，不仅因为她在科学上的贡献，而且因为她的奉献精神，因长期工作在强辐射的环境中而最终患白血病逝世。这些伟大的奉献精神推动人类社会不断进步，这些甘于奉献的历史人物必将被我们永远铭记。

---

① 丁薛祥.大力弘扬新时代共产党人的奉献精神[J].秘书工作，2018(07)：4-14.

二、营造新时代良好社会风尚必须大力弘扬奉献精神

崇尚奉献精神的社会正能量是主流，但一些不讲奉献甚至极端自私自利的负能量的东西也不少。有人认为，无私奉献是英雄模范人物的事情，自己作为普通人，做到主观为自己、客观为别人就足够了，在全社会倡导奉献精神调门太高；有人认为，市场经济鼓励竞争，应当追求个人利益最大化，讲奉献已经不合时宜；还有人认为，奉献是良心活，自己奉献没有人能看到，奉献也是白奉献，别人不奉献，自己奉献，岂不是傻子。①

这些观点貌似在理，社会上也有一些人将其作为人生信条。但是，只需稍加推敲和追问，就能看清这些观点的谬误和危害。毋庸置疑，英雄模范人物的奉献是要多于普通人，但这能意味着普通人就该坐享其成、不需要奉献吗？唯物主义的群众史观认为人民群众是历史的创造者，这里的"人民群众"指向我们每一个社会成员，而非仅指少数的英雄模范人物。国家和社会的发展进步仅仅依靠少数英雄模范人物是不现实的，是唯心主义的英雄史观。法国著名的思想家伏尔泰有句名言"雪崩时，没有一片雪花是无辜的"，也说明每一个社会成员对这个社会的发展具有不容推卸的责任，这个道理同样适用于对于奉献精神的坚守。

① 丁薛祥. 大力弘扬新时代共产党人的奉献精神 [J]. 秘书工作，2018(07)：4-14.

市场经济鼓励竞争、反对平庸，但追求个人价值就排斥奉献精神吗？如果按照这种逻辑，人们就会生活在一个尔虞我诈、弱肉强食、物欲横流的社会，试问这是你我愿意看到的局面吗？就拿前些年食品安全领域存在的问题来说，由于对利益的过度追求，一些食品生产者、销售者的违法行为可谓是令人发指，"毒奶粉"事件的影响何其恶劣？养殖行业的违法用药、餐饮行业违法添加频频被曝光，严重影响了社会公众对食品安全的信心。这些问题都是过度追求利益带来的负面影响，如果全社会都有奉献精神而不只是追求利益最大化，这种现象自然就不会发生。

认为奉献意味着吃苦甚至吃亏的观点也是一种短视行为。《世说新语》有句名言，"小胜靠智，大胜靠德"，这个"德"就包含奉献精神。古今中外那么多用奉献成就人生辉煌的人，那么多因为奉献而流芳百世的人，都成就了人生的"大胜"。

新时代要有新的更高质量的发展，不仅要物质的发展，还要精神的发展，要形成正气充盈、昂扬向上的社会风气，必须大力弘扬奉献精神。①

三、新时代大学生要崇尚奉献精神

一代人有一代人的奉献，每代人的奉献都有自己的时代特征。新时代大学生的价值取向对于未来整个社会的价值取

---

① 丁薛祥. 大力弘扬新时代共产党人的奉献精神 [J]. 秘书工作，2018(07)：4-14.

向具有决定性影响，对于中华民族的长久竞争力具有关键性作用，关系到中国特色社会主义事业是否后继有人。[①]青年大学生要继承和发扬中华民族崇尚奉献的优良传统，勇挑时代重担，在面对社会突发危机事件时要有甘于奉献的公众服务意识，用奉献精神滋养爱国主义和集体主义情怀。

（一）用奉献精神滋养爱国主义情怀

爱国主义情怀对于我们这个民族来说，有着深厚的历史、文化和情感积淀，是流淌在每一个中华儿女血液里的精神基因。中共中央、国务院印发的《新时代爱国主义教育实施纲要》指出，新时代加强爱国主义教育，对于振奋民族精神、凝聚全民族力量，决胜全面建成小康社会，夺取新时代中国特色社会主义伟大胜利，实现中华民族伟大复兴的中国梦，具有重大而深远的意义。

爱国主义超越个体生命的"单一性"和历史阶段变化的"瞬时性"，表征了个人、组织、集体与国家利益的一致性关系以及强大的凝聚和引导力量。爱国主义是一种行为准则和理性精神，以群体性利益为出发点，而不仅仅是基于个体利益作出判断与选择，体现了个人对于祖国的归属感、认同感、荣誉感。[②]由于受以私有制为基础的过度宣扬个人价值与利益的西方资本主义文化误导，社会上出现了不少与奉献精神的

---

① 陈宝生.培养社会主义建设者和接班人[J].党建研究，2018(07):19-21.
② 速继明，胡守钧.新时期爱国主义的精神实质及其时代张力[J].理论学刊，2016(04):116-121.

哲学逻辑背道而驰的错误观念，对培养青年一代奉献精神造成了严重的负面干扰，[①] 这对于培养青年大学生爱国主义情怀是极为不利的。

为国守岛的王继才、深藏功名的张富清、扫雷英雄杜富国、大学生村官黄文秀等新时代楷模都以自己的无私奉献彰显了深厚的爱国情怀；面对肆虐的新冠病毒，白衣天使们喊着"不计报酬、无论生死"的豪言壮语，逆行而上，为公众筑起了一道坚固的安全屏障。如果没有无私无畏的奉献精神，哪来如此的豪情壮举。作为新时代的大学生，要想在新时代获得长足的进步与发展，就必须处理好个人利益与国家和民族利益的关系，在服务国家与民族的过程中实现个人价值，要在劳动中锻造奉献精神，用奉献精神滋养爱国情怀。

（二）用奉献精神滋养集体主义情怀

《淮南子·兵略训》中有句名言："千人同心，则得千人力；万人异心，则无一人之用。"这句话的意思是说千人同心就能发挥千人力量，万人异心则抵不上一个人的作用，反映了朴素的集体主义思想观念。

作为社会主义国家，必然确立以集体主义为核心的价值观，这是由社会主义的经济基础和社会主义的生产方式所决定的。在社会主义条件下，由于社会成员之间没有本质上的利害冲突，因此集体和个人之间的根本利益是一致的。社会

---

① 王永平. 爱国要以奉献精神为起点 [J]. 人民论坛，2019(12):130-131.

主义条件下的集体主义的价值观有三层含义：一是必须把集体与个人二者利益统一起来；二是集体的利益高于个人利益；三是充分尊重个人正当利益，若集体利益与个人利益发生矛盾时，个人利益应服从集体利益。

作为一种理想的精神追求，集体主义集中体现在集体利益高于个人利益的道德原则中，"公而忘私"、"先公后私"和"大公无私"都是集体主义的具体体现，代表人类道德进步的方向。而集体和个人两者利益的统一则是在集体利益基础上的统一，集体利益具有优先权。这种利益优先权并不是每一个社会成员都能做到的，因此它也是判定是个人主义还是集体主义的标尺。所以，集体主义精神内含着一种奉献精神，是崇高精神境界的具体表现，也是中华民族传统的重义轻利、崇德尚礼、重奉献轻索取，"修身齐家治国平天下"的理想道德人格的现代体现。①

在抗击新冠肺炎疫情的过程中，中华民族的集体主义情怀得以充分彰显。在新中国成立以来遇到的最严重的疫情面前，全国人民万众一心，积极响应国家号召，共同做好疫情防控工作。医护人员不计名利、不顾生死，日日夜夜坚守工作岗位，尽全力救治每一位患者；执勤交警不畏严寒和感染风险，严格执行交通管控措施；广大教师通过网络授课，在传授书本知识的同时，引导学生感受中华民族在危难时刻众

---

① 王岩.市场经济条件下集体主义的互补机制研究[J].马克思主义研究，2004(01)：30-34+41.

志成城的伟大精神；外卖小哥自发组织了志愿服务队，为解决抗疫一线的医护人员的饮食困难贡献力量；等等。这些事例都是对集体主义情怀的生动阐释，各行各业在平凡岗位工作的人都在用自己的行动告诉大家，面对灾难，每个人都不能置身事外，而要力所能及地为他人、为社会和国家贡献自己的力量。

这次疫情给我们青年大学生上了一堂生动的集体主义教育课，让我们亲眼目睹了集体主义的磅礴力量。我们理应以此次疫情为教材，注重在劳动中培养甘于奉献的公众服务意识，用奉献精神滋养集体主义情怀，做一个有大爱的新时代青年。

榜样的力量

新时代青年的榜样——黄文秀

她的生命，永远定格在灿烂绽放的 30 岁。

翻开她的入党申请书，一行字迹跃入眼中："一个人要活得有意义，生存得有价值，就不能光为自己而活，要为他人、为国家、为民族、为社会，用自己的力量，努力作出贡献。"她用自己的实际行动践行了这句庄严的承诺，她就是"全国优秀共产党员""时代楷模""最美奋斗者"、百色市乐业县新化镇百坭村驻村第一书记黄文秀。

黄文秀 1989 年出生在广西壮族自治区百色市，2016 年研究生毕业于北京师范大学，获得法学硕士学位。毕业后的黄文秀回到家乡百色工作，2018 年受组织委派赴百色市乐业县新化镇百坭村担任驻村第一书记，成为村里的首位女性第一书记。

刚上任时，面对百坭村贫困的状况和艰苦的环境，黄文秀没有丝毫犹豫和退缩，而是快速进入角色，深入群众开展工作。仅两个月，她就摸清了百坭村的现实情况：全村共有 472 户 2068 人，建档立卡贫困户 195 户 883 人，截至 2017 年年底尚未脱贫的有 154 户 691 人，因学致贫和因残、因病致贫占比最高。驻村的一年中，她把全村所有的贫困户都走访了一遍。她在日记中写道："在我驻村满一年的那天，我的汽车仪表盘的里程数正好增加了两万五千公里，我简单地发了一个朋友圈：我心中的长征，驻村一周年愉快！"

2018 年一年的时间，黄文秀带领全村通过易地扶贫搬迁脱贫 18 户 56 人，教育脱贫 28 户 152 人，发展生产脱贫 42 户 209 人，共计 88 户 417 人，贫困发生率从 22.88% 降至 2.71%；村级集体经济收入达 6.38 万元，实现翻倍增收。她坚持扶贫与扶志相结合，注重乡风文明建设，成立"乡村振兴、青年作为"小志愿者服务队，开展村规民约吟诵比赛和文明家庭评选活动。百坭村获得百色市 2018 年度"乡风文明"红旗村荣誉称号。

黄文秀生活俭朴，为人随和，平易近人，村民对她的印象和评价都非常好。虽然自己的家庭并不富裕，在父亲重病等生活的重压之下，黄文秀仍然笑对生活，积极向上。对村里的贫困户，她总是慷慨相助，为贫困学子谋求升学的机会，为贫困大学生争取各项资助，把村民当成自己的亲人。

黄文秀工作兢兢业业，任劳任怨，尽管在百坭村工作时间并不长，却为整个村子点燃了希望。在很多同龄人的人生日历上，这个年龄阶段也许还是涉世未深、受家人娇宠的时光，而黄文秀却用这一千多个日日夜夜，不畏辛劳、深入基层，以柔弱的肩膀扛起整个村脱贫攻坚的重担。这种舍我其谁、时不我待的奋斗状态，彰显了新时代青年的优秀品格，也提醒我们要时刻不忘共产党人的使命与担当。

2019年6月16日晚，黄文秀从百色返回乐业途中遭遇山洪。6月17日凌晨1点后，黄文秀失联。6月18日中午，搜救人员在下游河道发现黄文秀遗体，确认因公殉职。

2019年6月，习近平总书记对黄文秀同志的先进事迹作出重要指示时表示，黄文秀同志硕士毕业后毅然放弃大城市的就业机会，扎根基层，在脱贫攻坚第一线倾尽一生，用美好青春诠释了共产党人的初心和使命，谱写了新时代的青春之歌，广大党员和青年同志要以黄文秀同志为榜样，在新时代的长征路上作出新的更大贡献。

延伸阅读

1. 中央党校采访实录编辑室著 . 习近平的七年知青岁月 [M]. 北京：中共中央党校出版社，2017.

2. 中央党校采访实录编辑室著 . 习近平在正定 [M]. 北京：中共中央党校出版社，2019.

第九章

劳动安全与劳动法治

对于劳动生产来说，安全是第一要务。劳动安全对于劳动生产，就如地基之于建筑物。俗话说"基础不牢，地动山摇"，没有了安全，劳动生产就无法顺利进行。劳动法治包含劳动安全制度、劳动风险管理、劳动契约制度等内容，是安全生产的重要保障，也是维护劳动者权益的重要途径。作为新时代大学生，强化劳动风险意识，掌握一定的劳动安全和劳动法律知识，树立良好的劳动法治观念十分重要。

第一节　强化劳动风险意识

　　劳动风险有狭义和广义两种理解。狭义的劳动风险是指劳动者在从事社会劳动过程中可能遭受与职业岗位相关的人身伤害风险，比如遭受工伤、患职业病等；广义的劳动风险所指范围更宽，不仅包括狭义的劳动风险，还包括劳动机会的丧失，即劳动者因社会、自身生理或劳动技能等方面的原因而丧失劳动机会。我们这里所说的劳动风险是在广义上理解的。

一、劳动风险的类型

　　劳动作为劳动者的谋生手段，是获取生活资料维系自身劳动力持续存在的前提。但由于劳动过程中存在着种种不确定因素，常常使得劳动者无法保持劳动力的正常状态，或者无法获得劳动的机会，以致不得不中断劳动。按照引发劳动风险的不同因素，可将其分为以下类型：①

　　（一）生理原因导致的劳动风险。该种劳动风险的典型表

---

① 吴明. 劳动风险和劳动风险的承担 [J]. 中国劳动科学，1987（10）：24-28.

现是疾病和衰老。因患病，劳动者可能暂时丧失甚至永久丧失劳动能力；由于衰老的影响，劳动者将无法应付劳动对体力和脑力的要求，不得不退出职业岗位。劳动者因各自身体条件和工作条件的不同，受疾病和衰老的影响也不尽相同。对每个劳动者来说，疾病和衰老都是不确定因素，它可能使劳动者无法正常劳动，从而造成或大或小的经济损失。

（二）意外事故造成的劳动风险。在劳动生产过程中，劳动者可能受到一些意外事故的伤害，导致劳动者暂时或永远丧失劳动能力。随着工业化进程的加速推进，劳动者所面临的劳动环境更加复杂，如果安全生产意识不强，稍有不慎就会导致劳动意外事故。这些事故一旦发生，就会让劳动者面临重大风险。

（三）职业本身产生的劳动风险。这种劳动风险的主要表现形式是职业病。由于各个行业的劳动条件和工作环境不同，职业病发生的情况也不同。有些行业，如粉尘较多的行业，容易产生有毒有害物质或放射性物质的行业，需要在高温、低温下工作的行业等，遭受职业病侵害的几率更大。不同于意外事故，职业病更具有可预防性，在很大程度上取决于劳动者本人和企业管理者对此问题的重视程度。但这种风险对于每一个劳动者来说无疑都是存在的。

（四）市场变动引发的劳动风险。在市场经济的大环境下，劳动者的就业状况与市场对劳动力的需求状况有直接的关系。由于技术创新加快、经济结构升级、生产季节性增减、国际国内突发事件（比如 2020 年初新冠肺炎开始在全球范围内的大流行）等原因的影响，市场对劳动力的需求无论在总量上还是在结构上都会发生或小幅或剧烈的波动，但劳动力的供给在一定时期内则往往是相对稳定的。因此，当市场对劳动力需求的总量或者对某一层次的劳动力的需求减少到一定程度时，便有可能使一部分劳动者丧失工作的机会。要求劳动力的供给与需求在总量和结构上都彼此完全协调是不现实的。因此，存在一定的待业人员是必然的社会现象，这也是劳动风险的一种表现类型。

二、劳动风险的防范

大学生在读期间的实习实训、志愿服务、社会实践以及毕业后就业求职、岗位工作的各环节，都存在劳动风险。做好防范是降低和减少风险的最佳途径。大学生应从两个方面做好劳动风险防范。

（一）增强劳动规则意识。随着全面依法治国战略的纵深推进，规则意识的重要性会越来越凸显，遵守规则将成为每个社会个体的内在需要。具体到劳动领域，规则意识就体现为对安全生产制度、劳动法律制度的严格遵守，对生产单位规章制度的自觉履行，对生产过程中每一个操作规程不折不扣的执行，等等。新时代大学生更应该具备规则意识，养成遵守规则的好习惯，严格遵守实习实训、志愿服务、社会实践等活动中的规则要求，在就业求职、岗位工作中遵守法律制度和单位安全管理制度，这既是对规则的遵守，也是一种自我保护。比如，作为大学生，在求职、就业过程中，招聘及入职环节、劳动合同及其相关文件（如培训协议、保密协议、竞业竞争协议等）签订及履行环节、开展岗位工作环节、离职环节等都有法律规范或单位管理制度作出了相应的规定，我们应该熟悉这些制度规则的内容，并严格按照规则行事，才能将各种劳动风险降至最低。

（二）增强承担劳动风险的能力。从劳动风险的类型可以看出，有些风险可以通过劳动者个人努力加以降低甚至消除，但有些风险具有偶然性，是不可控的（比如突发公共事件）。基于劳动风险的这种客观特性，增强自身承担风险的能力同样重要。新时代大学生，一方面应该提升自身劳动能力。过硬的自身素质与能力是应对各种风险最好的武器，应对劳动风险同样如此。我们常说，"你若盛开，蝴蝶自来；你若精彩，天自安排"，讲的也是这个道理。大学生要保持青年应有的奋斗姿态，持续提升劳动能力，才能在竞争中立于不败之地，才能在面对风险时应对有方。

另一方面，新时代大学生应该继承和发扬中华民族注重储蓄的优良传统，以"积蓄的方式"增强自身承担劳动风险的能力。①"积蓄的方式"通俗讲就是人们在从事劳动的过程中，储备一定的财物以备不时之需，这是一种承担风险的最

---

① 吴明.劳动风险和劳动风险的承担[J].中国劳动科学，1987（10）：24-28.

基本方式，能够保证我们在遇到劳动风险时不会被"一击即溃"。人类社会处于原始状态时，人们就经常储备一定数量的食物、燃料等生活必需品，以便在困难时期使用。随着社会的发展和金属货币的出现，货币和其他一些不动产（如土地、房屋等）都成为人们积蓄的对象。从这次面对新冠肺炎疫情冲击时，中国民众和美国民众"抗打击"能力的差异就可清楚看到"积蓄"对于抵御劳动风险的重要性。在为防控疫情采取的封城大背景下，中国民众基本都能保证生活无忧；反观美国，刚一封城，很多民众面临吃不饱饭的困境。这种差异产生的重要原因之一就是绝大多数的中国民众都有一定的"积蓄"，与此相反的是，绝大多数的美国民众则奉行"提前消费""今朝有酒今朝醉"，看似潇洒，一旦面对突发事件，这种极端的"消费主义"理念的弊端显露无疑。大学生群体中，受不健康消费理念的影响，攀比消费、提前消费、奢侈消费的现象也屡见不鲜，甚至有些同学为了体现自己所谓的"消费水平"，不惜通过"网贷""裸贷"来满足自己一时的虚荣。这种现象应该加以消除。

第二节　劳动安全与劳动保护

要始终把人民群众的生命安全放在首位，发展决不能以牺牲人的生命为代价，这是一条不可逾越的红线。健全劳动保护机制，控制和减少职业伤害，切实保障劳动者的劳动安全，既是加强劳动者权益保障、推进构建社会主义和谐劳动关系的内在要求，也是在劳动生产领域贯彻落实"以人民为中心"发展思想的应有之义。

一、增强劳动安全意识

劳动安全，又称职业安全，是劳动者享有的在职业劳动中身体健康和生命安全获得保障，免受职业伤害的权利。[①]《经济、文化和社会权利国际公约》第 7 条规定，缔约各国承认人人有权享受公正和良好的工作条件，特别要保证安全和卫生的工作条件。我国历来重视劳动安全，并通过一系列劳动法律制度构建起了劳动安全保障机制。

劳动安全不仅关系到劳动者的生命财产安全和家庭幸福，

---

① 王致兵.我国劳动安全问题及对策[J].辽宁科技大学学报，2009，32(01):99-102+107.

也会影响到地方经济的可持续发展和社会的和谐稳定。抓好劳动安全，保障劳动者在生产劳动中的安全与健康，是维护劳动者根本利益之所在。从近些年发生的劳动安全事故看，多数是因为用人单位安全生产措施落实不到位、监管部门监管缺位造成的，但也不乏因劳动者的安全意识、规则意识不强，违反安全生产规程导致了事故的发生。

新时代大学生增强劳动安全意识尤为重要。一方面，大学生在读期间要参加实习实训、志愿服务、社会实践等各种形式的活动，这些活动虽然在劳动强度、劳动时长等方面与在岗劳动者存在差别，但是所面临的劳动安全风险往往相差无几，这就要求我们要具备相应的劳动安全意识，以免因为自己的疏忽而发生安全事故，造成不可挽回的损失；另一方面，新时代大学生作为社会未来劳动者的骨干力量，应该具有较高的劳动安全意识，确保在岗位工作中严格执行安全生产各项规程，杜绝因自身的安全意识欠缺酿成安全事故。这既是对自己负责，也是对家庭和社会负责。

二、做好自我劳动保护

劳动保护是一项系统性工程，要从国家、社会和劳动者个人三个层面综合发力。1981 年国际劳工大会通过的《职业安全与工作环境公约》，首次提出了构建"政府、雇主、工人"三方共管职业安全的制度体系。我国全国人大常委会于 2006 年 10 月 31 日批准了该公约。这对保护劳动者的人身安全和健康、促进安全生产和职业卫生方面的立法和执法工作起到了积极的推动作用。[①]

在国家层面和社会层面，主要是通过立法和执法来保障劳动安全与卫生，营造全社会重视劳动安全的良好氛围。有研究显示，在影响劳动安全的各种因素中，"政府规制能力"的影响力是最大的。[②]目前，我国劳动安全相关法律规范已形成了相对完善的法律体系，并逐步与国际接轨。对于劳动安全，我国《劳动法》和《安全生产法》确立的基本方针是"安全第一、预防为主、综合治理"[③]。当然仅有这些法律规范并不足以保证劳动安全，规范的落地实施才是最为重要的，这其中用人单位和劳动者个人的作用至关重要。

在劳动者个人层面，做好自我防护是预防劳动安全事故发生的关键，这就要求劳动者具备良好的劳动规则意识，严格按照安全生产规程开展劳动。但调查数据显示，劳动者对劳动保护知识的掌握情况不容乐观：受访的劳动者对职业卫生知识的总知晓率仅有 52.8%；对部分核心知识的知晓率明显偏低，如"上岗前应进行职业健康检查"的知晓率仅有

① 李亮辉.从"十三连跳"到"开胸验肺"：透视企业劳动安全卫生保障——以中国劳动安全卫生法律发展为视角 (2005 年—2015 年)[J]. 中国卫生事业管理，2016，33(10):761-765.
② 冉斌，陈明.农民工职业安全社会层面影响因素研究——基于向后逐步回归法的测算 [J]. 华东经济管理，2019，33(06):167-171.
③ 郭捷.劳动法与社会保障法 [M]. 北京：中国政法大学出版社，2012:188.

24.4%，"离岗时应进行职业健康检查"的知晓率仅有 5%，"作业岗位危害因素"的知晓率仅有 33.4%；在劳动安全知识获取途径方面，通过自我学习获取知识的仅占 19.3%。[①] 这些数据可以从一个侧面反映出部分劳动者的自我劳动保护主动意识和保护能力存在不足。

新时代大学生应该发挥具有较强学习能力的自身优势，加强劳动安全方面知识的学习，并善于将这些知识运用到实习实训、志愿服务、社会实践过程中，运用到今后的岗位工作中，努力做到知行合一，做好自我劳动保护，为社会生产安全有序开展提供有效保障与支撑。

---

① 姚丹丹. 化工厂外协单位工人职业卫生知识及防护情况调查 [J]. 工业卫生与职业病，2015，41(2)：135-136，139.

第三节　树立劳动法治观念

劳动法治是指劳动关系及其调整模式的现代化、法治化，涉及分配公平、社会公正与经济发展模式等重大问题。运用法治理念、逻辑、制度、机制建立健全劳动法治，是我国法治建设的重要内容。[①]新时代大学生应该树立劳动法治观念，提高运用法治思维分析、解决劳动有关问题的能力。

一、我国劳动法律制度的基本内容

我国现行的劳动法律制度在体系上由多层次的法律法规构成。新时代大学生应该了解这些法律规范，在宏观上对我国的劳动法律制度有一个初步认识，以利于进一步增强劳动规则意识，更好地依法维护自身权益。

（一）宪法

作为具有最高效力的法律规范，《宪法》素有"母法"之称，是制定其他一切规范性文件的源头与依据，劳动法律制度也不例外。《宪法》第42条规定了公民劳动的基本权利和

---

① 陈步雷.劳动风险和劳动风险的承担 [N].人民日报，2015-02-12(07).

义务，第 19 条和第 42 条规定了劳动者享有接受职业培训的权利，第 42 条和第 43 条规定了劳动者享有休息和劳动安全卫生保护的权利，第 16、17、35 条规定了劳动者享有组织工会和民主参与的权利，第 4 条和第 48 条规定了劳动者平等权（男女平等、民族平等）。从上述规定可以看出，我国《宪法》对劳动关系和劳动者权利、义务作了较为宏观的框架性规定，为制定具体的劳动法律制度规范确立了原则和方向。

（二）法律

法律是由全国人大及其常委会制定或修改的规范性文件，此类规范性文件的效力层级仅次于《宪法》，构成了劳动法律制度的主干内容。现行的劳动法律规范主要包括作为民事和劳动与社保基本法的《民法通则》《劳动法》《社会保险法》，作为单行法的《劳动合同法》《就业促进法》《工会法》和《劳动争议调解仲裁法》等，同时《妇女权益保障法》《残疾人保障法》《公司法》《刑法》《民事诉讼法》等法律类规范性文件中也有部分条款涉及对劳动关系的调整。[1]

（三）行政法规

行政法规是由国务院及其部委制定的各类法规。与调整劳动关系相关的主要有国务院颁布的《劳动合同法实施条例》《职工带薪年休假条例》《劳动保障监察条例》《城镇居民最低生活保障条例》等，还有国务院以规定、决定或办法的形式

---

① 杨遂全.劳动法与社会保障法新论 [M].成都：四川大学出版社，2015：29.

颁布的《国务院关于职工工作时间的规定》《企业职工带薪年休假实施办法》《国务院关于职工探亲待遇的规定》《外国人在中国就业管理规定》《全国年节及纪念日放假办法》等；另外还有国务院各部委颁布的部门规章，例如《集体合同规定》《就业服务和就业管理规定》《关于对事实劳动关系解除是否应该支付经济补偿金问题的规定》《违反和解除劳动合同的经济补偿办法》等一系列细则性规定。①

（四）地方性法规

根据《立法法》的规定，具有地方立法权的主体可以制定和颁布在本地区范围内实施的各类法规，这类法规也是调整特定区域内劳动关系的重要法源性依据。例如，《北京市实施中华人民共和国残疾人保障法办法》《上海市贯彻妇女权益保障法实施办法》等。②

（五）司法解释

作为我国最高司法机关制定的具有普遍适用效力的规范性文件，司法解释也是劳动法律制度的重要规范来源。比如，最高人民法院先后颁布了4个《关于审理劳动争议案件适用法律若干问题的解释》，这些司法解释为司法机关处理劳动争议类案件提供了明确指引，同时也对社会公众的劳动行为具有

---

① 杨遂全.劳动法与社会保障法新论[M].成都：四川大学出版社，2015：29-30.

② 杨遂全.劳动法与社会保障法新论[M].成都：四川大学出版社，2015：30.

规范指引作用。另外，随着最高司法机关定期发布指导性案例成为一种司法惯例，这些指导性案例中与劳动争议有关的判例也会逐步成为劳动法律制度的另一新的来源。

（六）国际公约

经济全球化的大背景下，规则全球化也是一个必然趋势，多边国际公约的签署与承认就是这种趋势的具体体现。作为国际劳工组织的成员国，我国先后批准参加了包括《消除就业和职业歧视公约》《家政工体面劳动公约》等在内的有关国际公约 27 个。[①] 这些国际公约也是劳动法律制度的来源之一。

二、劳动者的基本权利

通常认为，劳动者的基本权利是指基于劳动法律制度的相关规定，劳动者享有劳动和社会保障的基本权利，换句话说，就是任何具有劳动能力且愿意工作的人都有获得有保障的工作的权利。《劳动法》第 3 条对劳动者基本权利的具体内容作了原则性规定，结合前文所述劳动法律制度的相关条款内容，我国劳动者所享有的基本权利包括以下内容：[②]

（一）平等就业权。平等就业权通常有三层含义：一是任

---

① 杨遂全.劳动法与社会保障法新论 [M].成都：四川大学出版社，2015：30.
② 杨遂全.劳动法与社会保障法新论 [M].成都：四川大学出版社，2015：39.

何公民都平等地享有就业的权利和资格，不因民族、种族、性别、年龄、文化、宗教信仰、经济能力等而受到限制；二是在应聘某一职位时，任何公民都需平等地参与竞争，任何人不得享有特权，也不得对任何人予以歧视；三是平等不等于同等，平等是指对于符合要求、符合特殊职位条件的人，应给予他们平等的机会，而非不论劳动者个人条件是否符合要求都必须同等对待。《劳动法》第 12、13 条，《就业促进法》第 3 条和第 62 条对劳动者平等就业权作了具体规定。

（二）职业选择权。职业选择权是指劳动者可以根据自己的意愿选择适合自己才能与爱好的职业。职业选择是个人真正进入社会生活领域的重要环节。作为就业的主体，劳动者在劳动力市场上具有支配自身劳动力的权利，可根据自身的素质、能力、志趣和爱好，以及市场资讯，选择用人单位和工作岗位。劳动者拥有自由选择职业的权利，有利于劳动者充分发挥自己的特长，实现劳动者与劳动岗位的更好结合，促进社会生产力的发展，在取得经济利益、社会效益等多方面共赢的同时，更好地促进人的全面发展。

（三）劳动报酬权。劳动报酬权是指劳动者依照劳动法律关系，履行劳动义务，由用人单位根据按劳分配的原则及劳动力价值支付报酬的权利。劳动报酬权可细分为劳动报酬的协商权、报酬的请求权和报酬的支配权。劳动报酬协商权是指劳动者与用人单位依法通过协商确定劳动报酬的形式和水平的权利，其核心是依法确定劳动者自己劳动的价格。劳动者与用人单位协商确定的劳动力价格不能低于国家的最低工资标准，在此基础上可自由协商确定报酬水平；劳动报酬请求权是劳动者付出了职业劳动之后，有权请求用人单位按时足额支付劳动报酬；劳动报酬支配权是指劳动者独立支配管理和处分自己劳动报酬的权利。

（四）获得劳动安全卫生保护的权利。劳动安全卫生保护关系劳动者的生命安全和身体健康，与劳动者的切身利益有最直接的联系。对所有劳动者而言，如果劳动保护工作欠缺，导致的后果将是劳动者的直接伤亡。生命和健康是行使劳动权利的前提，没有生命和健康，享受任何权利都是一句空话。《劳动法》第54条规定了用人单位要履行对劳动者进行劳动安全卫生保护的义务，第56条第2款还规定劳动者对用人单位管理人员违章指挥、强令冒险作业，有权拒绝执行；对危害生命安全和身体健康的行为，有权提出批评、检举和控告。

（五）休息休假权。我国宪法规定，劳动者有休息的权利，国家发展劳动者休息和休养的设施，规定职工的工作时间和休假制度。其他相关劳动法律制度对劳动者的每日（周）工作时长、带薪年休假、法定休假、加班费支付标准等作出了相应规定，为劳动者休息休假权的落实提供了规则依据。

（六）享受劳动保险的权利。劳动保险是劳动力再生产的一种客观需要。我国劳动法明确规定了劳动者依法享有养老保险、医疗保险、工伤保险、失业保险、生育保险等劳动保险。

（七）接受职业技能培训的权利。我国宪法规定，公民有受教育的权利和义务。所谓受教育既包括接受普通教育，也包括接受职业教育。劳动者有要求接受职业技能的教育和训练的权利。

（八）提请劳动争议处理的权利。提请劳动争议处理的权利是指劳动者在劳动过程中与用人单位发生劳动争议时，享有请求有关部门对争议进行处理的权利。劳动争议关系着劳动者的切身利益，法律赋予劳动者提请劳动争议处理的权利，实质就是劳动者享有的请求保护的权利，该权利的行使既可以保护劳动者的合法权益，也有利于劳动争议的尽快解决和促进社会关系的稳定。

（九）参加和组织工会权。根据《劳动法》第7条的规定，劳动者有权依法参加和组织工会；《工会法》第3条也明确规定，在中国境内的企业、事业单位、机关中以工资收入为主要生活来源的体力劳动者和脑力劳动者，不分民族、种族、性别、职业、宗教信仰、教育程度，都有依法参加和组织工会的权利。

（十）集体协商权。集体协商权是指劳动者有权通过自己的组织或代表与相应的雇主、雇主组织或者其代表为签订集体合同进行商谈的权利。

（十一）参与民主管理权。根据《劳动法》第8条的规定，劳动者通过职工大会、职工代表大会或者其他形式，参与民主管理。

三、劳动者的基本义务

权利与义务是相辅相成的，就像一个硬币的两面，任何主体既不可能只享有权利不履行义务，也不可能只履行义务不享有权利。劳动者在享有上述若干项权利的同时，也应依法履行相应的义务。

根据我国劳动法律制度的相关规定，我国劳动者应当履行的基本义务包括：

（一）完成劳动任务的义务。作为劳动者，完成用人单位根据劳动合同约定所安排的工作任务是最基本的义务，也是获得劳动报酬、享受休息休假等一系列权利的基础和支撑。

（二）提高职业技能的义务。俗话说"活到老，学到老"，提高职业技能对于劳动者来说既是应该履行的义务，也是促进自身发展、更好地实现自我价值的客观需要。

（三）执行劳动安全卫生规程的义务。根据安全生产的要求，每个行业、每个单位都会有自己的劳动安全卫生管理规程。作为劳动者，必须遵守这些规程，才能保障自己的身体健康和生命安全。

（四）遵守劳动纪律和职业道德的义务。劳动纪律通常是指用人单位的内部管理制度，是保证用人单位各项工作正常运转的重要规则，劳动者理应遵守。职业道德相对较为抽象和宏观，通常体现为长期以来自然形成且受社会普遍认可的观念、习惯、信念等。职业道德虽然没有实质的约束力和强制力，往往只能通过劳动者的自律实现，但它承载着文化和凝聚力，影响更为深远。

需要注意的是，尽管根据我国劳动法律制度的相关规定，劳动者有劳动的义务，但这种义务只是一般性的职责。对于一个未被限制人身自由的劳动者来说，不能强迫他参加劳动。当然，如果有劳动能力者因主观原因而拒绝参加劳动，他也就相应地丧失了获得相应劳动权益的机会和资格，这也是符合市场经济条件下"多劳多得"原则要求的。

新时代大学生应该全面理解和把握劳动者权利义务相统一的深刻内涵，以强烈的担当精神和使命意识，在享受劳动者权利的同时更好地履行应尽的义务，按照社会主义核心价值观的要求，做一名"爱岗、敬业、诚信"的新时代劳动者。

四、劳动争议解决机制

劳动争议，也称劳动纠纷、劳资纠纷，是指用人单位和劳动者在执行劳动法律制度和劳动合同的过程中，就相关权利义务发生分歧而引发的争议。[①] 作为社会纠纷中较为常见的一种，劳动争议不仅影响劳动者的合法权益，还会损害劳动关系的和谐，不利于社会稳定。因此，我国设置了劳动争议

---

① 沈义祥，刘文敏. 劳动法与社会保障法 [M]. 北京：冶金工业出版社，2011：121.

协商、调解、仲裁和诉讼等四种解决机制。①

（一）劳动争议协商

劳动争议协商是指发生劳动争议的双方当事人通过平等对话、互谅互让并作出必要的妥协而达成和解的纠纷处理方式。这种处理方式的特点是自愿、便捷，纠纷解决成本较低，达成的和解协议也更易于执行。根据《劳动争议调解仲裁法》第 4 条的规定，发生劳动争议，劳动者可与用人单位协商，也可邀请工会或者第三方共同与用人单位协商，达成和解协议。

（二）劳动争议调解

劳动争议调解是指劳动争议当事人向特定的调解组织申请对纠纷进行调停，以达成调解方案，解决相关争议的纠纷处理方式。根据《劳动争议调解仲裁法》第 10 条的规定，发生劳动争议，当事人可以向企业劳动争议调解委员会、依法设立的基层人民调解组织或乡镇、街道设立的具有劳动争议调解职能的组织申请调解。

（三）劳动争议仲裁

劳动争议仲裁是指劳动仲裁机构根据劳动争议当事人的请求，对劳动争议的事实和责任依法作出对纠纷当事人具有法律约束力的判断和裁决的劳动争议解决机制。根据《劳动法》第 79 条的规定，劳动争议仲裁是提起劳动争议诉讼的前

---

① 杨遂全 . 劳动法与社会保障法新论 [M]. 成都：四川大学出版社，2015：203-213.

置程序，如此规定的目的是以仲裁方式更快、更便捷、更有效地解决劳动争议。

（四）劳动争议诉讼

劳动争议诉讼是指劳动争议当事人不服劳动争议仲裁委员会的裁决，在规定的期限内向人民法院起诉，人民法院依法对劳动争议进行审理并作出裁判的争议解决机制。以诉讼形式解决劳动争议是一种最终的处理方式，法院作出的裁判具有强制执行力。

思考题

1. 劳动风险的种类有哪些？新时代大学生如何有效防范劳动风险？

2. 劳动者的具体权利与义务有哪些？

3. 解决劳动争议的途径有哪些？大学生在遇到劳动争议时应该怎么做？

后　记

　　劳动是人类的本质活动，劳动光荣、创造伟大是对人类文明进步规律的重要诠释。习近平总书记强调，要坚持中国特色社会主义教育发展道路，培养德智体美劳全面发展的社会主义建设者和接班人。《中共中央 国务院关于全面加强新时代大中小学劳动教育的意见》要求："根据各学段特点，在大中小学设立劳动教育必修课程，系统加强劳动教育"，"普通高等学校要明确劳动教育主要依托课程，其中本科阶段不少于32学时"。全面建成小康社会，进而建成富强民主文明和谐美丽的社会主义现代化国家，根本上靠劳动、靠劳动者创造。新时代的高校，应深刻认识劳动独特的育人价值，持续加强新时代大学生劳动教育，积极营造爱劳动、会劳动、珍惜劳动成果的良好氛围，使大学生全面理解劳动，牢固树立劳动最光荣、劳动最崇高、劳动最伟大、劳动最美丽的观念，为实现中华民族伟大复兴贡献力量。

　　龚立新博士是本书撰写的主持人，负责本书构思框架、拟定提纲、修改初稿、最终定稿。具体执笔人为：刘喜元编写第

一、七章；何晓坚编写第二章；陶青青编写第三、五章；李贵杰编写第四、六章；柏孟仁编写第八、九章。

本书撰写过程中查阅、参考了大量劳动、劳动教育等方面的政策、文献、论著、教材及网络媒体资料，吸收了新中国成立以来相关研究成果，不再一一注出，在此谨向所引资料的作者表示衷心的感谢！

受时间、资料、视野和学识限制，书中疏漏与不妥之处在所难免，恳请专家和读者不吝赐教、批评指正，以便我们今后不断修改提高。

编　者

2020 年 10 月